TRE VÄNNER:
VÄNTA 4 DEN 1

KOMPLETT SERIE: BOK 1: VAD SOM SKA SKE, SKER; BOK 2: HEMMA IGEN

Cathy McGough

Stratford Living Publishing

VAD LÄSARNA SÄGER

Tre Vänner berättar historien om Miranda, Terri och Cheryl och deras strävan efter lycka i livet. Författaren Cathy McGough har skapat en lättsam skildring av det dilemma som de flesta av oss någon gång i livet ställs inför. Hur man flyr ut på ett stort äventyr som ger minnen för livet att se tillbaka på.

Flickorna kallar sig själva för De tre jungfruliga musketörerna och delar alltid varandras drömmar. De letar desperat efter en man att bli romantiskt involverade med, men lyckas aldrig riktigt hitta den rätte. Nu, i mitten av tjugoårsåldern, känner de sig ensamma och har oftast inga dejter.

Men varje moln har en silverkant som motsäger livets tragedi. Hur detta kom till är en hyllning till författarens uppfinningsrikedom."

AMAZON-RECENSENT

"Möt de tre jungfruliga musketörerna. Följ med på det stora äventyret när vännerna från en liten kanadensisk stad hjälper Miranda att uppfylla sin långvariga dröm om att se Australien.

Det räcker att säga att händelserna i Australien är både glada och sorgliga och har en djupgående inverkan på Miranda, som på oväntade sätt kastas in i vuxenlivet. Under tiden ger Terri och Cheryl stöd som går långt utöver vad vänskap kräver."

AMAZON-RECENSENT

"Jag brukar inte läsa romantiska romaner, men den här hade så många vändningar att jag helt enkelt läste ut den och ville ha mer."

AMAZON-RECENSENT

"En mycket bra romantisk roman. Om du vill ta en månad ledigt och ha en underbar semester med dina bästa vänner men inte kan... då ska du läsa den här boken! Den innehåller nöjen, god mat, dryck och romantik. Allt som en tjej gillar!"

"När jag läste den här boken kände jag mig som om jag också var i Australien. Den perfekta 'tjejboken'.

AMAZON-RECENSENT

"Även om du kommer att skratta högt åt vissa delar, rekommenderar jag att du har en ask med näsdukar nära till hands. Tro mig, du kommer att behöva den."

AMAZON-RECENSENT

INNEHÅLL

Till goda vänner, utmärkta samtal och gott vin.

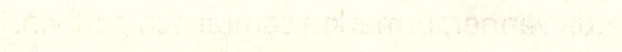

ANMÄRKNING FRÅN FÖRFATTAREN

KäRA LäSARE,

Jag hoppas att ni är redo att fly in i det förflutna! Till en värld före dejtingappar, mainstream-streamingtjänster, sociala medier – ni fattar vad jag menar!

Till en tid då vissa saker var enklare, andra mer komplexa, till och med farliga.

När det inte verkade så riskabelt att vänta och kasta sig in i leken.

När människor var mer sammankopplade... eller var de det?

Karaktärerna som leder er på den resan är de tre vännerna: Miranda, Terri och Cheryl.

Njut av resan och trevlig läsning!

Cathy (Skrivet den 8 mars 2026.)

Vänskap är den obeskrivliga tryggheten i att känna sig säker med en person, utan att behöva väga sina tankar eller mäta sina ord."

George Eliot

BOK EN

VAD SOM SKA SKE, SKER

KAPITEL 1

MIRANDA EVANS VISSTE ATT hon måste gasa på för att komma i tid till jobbet. Hon hade inte råd att komma för sent – igen. Så när hon hoppade in i sin Honda Civic Hatchback från 1991 och startade motorn, pressade hon bilen till dess gränser trots att den var trög på grund av den stränga kanadensiska vintern. Tyvärr fungerade inte defrostern tillräckligt snabbt, och snart började hon skrapa. Lite skrap här och lite skrap där. När hon väl hade tillräckligt med sikt för att se ut, satte hon sig tillbaka i bilen och tryckte gaspedalen i botten. Det fick duga, för "Andrew-den-idioten" väntade.

Hon körde fort längs Ontario Street och släppte gasen då och då i väntan på svart is.

Varför har jag så ocoola föräldrar?

Hon lyfte båda händerna från ratten en kort sekund och slog på den. Inte precis en klok plan. Hennes bil började sladdade. Hon lyckades få tillbaka kontrollen.

Miranda tog ett djupt andetag. Hon tänkte att en eller två låtar kanske kunde få henne att tänka på något annat. Hon älskade Oldies-kanalen där den sexiga Miss Tina Turner sjöng sin mest kända kärlekslåt.

Distraherad, men inte tillräckligt – Mirandas tankar återvände till hennes föräldrar.

Ibland kan jag inte fatta att de födde mig. Hej, kanske blev jag bortbytt på sjukhuset? Det händer ju hela tiden, och jag kan vara ett av de där barnen. Jag slår vad om att det finns föräldrar där ute som har en dotter som de inte kan relatera till – och det är mina föräldrar.

Allvarligt talat, jag liknar min mamma. Vi har båda rött hår, och jag har min pappas hasselbruna ögon... Ändå tror jag ibland att mamma och pappa vet mer om Nikkis liv i Young and the Restless än om mitt. Jag slår vad om att om Nikki och jag var med i Jeopardy! skulle de klara frågorna om henne galant och få noll poäng på mig. Jag kan inte klandra dem, Nikki Reed/Newman lever ju ett spännande liv, medan mitt liv är tråkigt. Det var nog därför jag ville att de skulle vara de första att få veta om mina planer. Jag trodde att de skulle bli glada för min skull. Oj, vad jag hade fel!

Oldies-kanalen återgick till de dagliga deprimerande nyheterna. Miranda tryckte på sökknappen.

Jag kan inte låta dem göra mig nedstämd. Jag har tillbringat hela mitt liv som en främling för dem – hållit mig på avstånd. Skyddat mig själv. Jag vet inte varför jag bestämde mig för att våga mig ut och ge dem en ny chans. De kommer aldrig att förstå mig!

Tårar vällde upp i Mirandas ögon när hon körde igenom ett gult trafikljus. Nu när hon nästan var framme på jobbet försökte hon samla sig.

Hon svängde in på parkeringen vid Vids-R-US Videos. Däcken skrek när hon svängde runt den blinda kurvan. Hon trampade på bromsen och missade med nöd och näppe en kund som var på väg tillbaka till sin bil. Hon mumlade ett uppriktigt "förlåt" i hans riktning och nickade medgivande. Till slut parkerade hon bilen på personalparkeringen, tog sin handväska och sprang in.

Vid dörren stod Mirandas chef Andrew – alias Andrew-the-Asshole. Han stod med armarna i kors, redo för strid.

"Sen igen, ser jag, Evans."

Det var inte jag som kom på namnet Andrew-the-Asshole, förresten. Det är ett smeknamn som används av alla hans lojala (ha! Ha!) medarbetare. När Andrew utnämndes till Århundradets chef av Vids-R-US var vi imponerade, men han var yngre än oss och vi ogillade hans inställning att bara jobba och aldrig ha roligt. Därav namnet. För det mesta är han en schysst kille. Förutom när jag är sen, förstås, och jag är ALLTID sen.

"Så, vad har du att säga till ditt försvar, Evans?"

Miranda hade varit sen så ofta att hon började få slut på ursäkter. Varje gång sa Andrew att det var sista gången – men sedan gav han henne en ny chans.

Sanningen att säga var Andrew lättpåverkad när det gällde Miranda.

Miranda var osäker på hur mycket mer Andrew kunde pressas. Hon hade en känsla av att han närmade sig bristningsgränsen. Hon såg sig omkring. Hon var omringad. "Evans. Jag väntar." Han korsade armarna och korsade dem sedan igen. Han stampade otåligt med fötterna. "Medan du funderar på en ursäkt kan du kanske tänka på hur många andra som skulle älska att jobba här på Vids-R-Us. Det finns hundratals, kanske tusentals, som skulle ge vad som helst för att få ditt jobb." Han korsade och okorsade armarna igen och tog sedan några steg mot henne.

"NÅ?" sa han.

Tystnad.

Tänk, Miranda, tänk! Jag skulle vilja säga åt honom att ta det här jobbet och sticka, men det kan jag inte. Jag behöver det här jobbet mer än någonsin nu. Utan det kommer jag ingenstans.

"Evans!"

Miranda hoppade till.

"Vakna, vakna! Hallå. Är det någon där inne?" frågade Andrew, medan han knackade försiktigt med knytnäven på Mirandas huvud.

Något brast.

Om Bette Davis hade varit här, vad skulle hon ha gjort? Hon tog inte emot något från någon. Men hon var smart. Hon visste när hon skulle visa sina kort och när hon skulle hålla dem nära bröstet.

"Jag är så ledsen att jag är sen, Andrew. Det kommer inte att hända igen."

"Du har rätt, det kommer det inte, Evans. Jag antecknar det här i din personalakt och om du gör om det kommer du att få sparken. Förstått?"

"Jag vet, jag vet. Sluta nu att tjata på mig", sa Miranda och log sött mot honom, medan hon i sitt inre upprepade orden Andrew-den-idioten om och om igen.

Hon tittade ner på sina fötter.

Jäklar, de här löparskorna börjar bli slitna, tänkte hon. Kanske är det bäst att jag smiter ut på lunchen och köper ett nytt par?

Deras blickar möttes.

Andrew studerade Miranda. Han skakade på huvudet. Hon kände sig som ett barn som just blivit tillrättavisad för att ha tagit en kaka ur burken utan tillåtelse.

Minuterna gick, och Andrew tyckte att Miranda hade vridit sig tillräckligt. "Så där ja, Miranda, du är en bra tjej."

Vad menar du med UNGE! Du är yngre än jag!

"Och jag gillar dig, men nu räcker det. Om du strular till det igen, gör några misstag, visar dålig attityd eller är en minut sen igen, så är det, som världens bästa skådespelare Arnie Schwarzenegger en gång sa, 'hasta la vista, baby'. Förstår du det, Evans?"

Miranda nickade.

"Tro inte att jag inte kommer att sparka dig! Du får dina kollegor att se dåliga ut. Du får mig att se dålig ut. Allt för att du inte bryr dig! Värre än så – du tar inte ansvar för dina handlingar. Du kommer med ursäkter. Så lär dig av detta, Miranda. Väx upp. Du har något bra här. Jag är inte säker på om jag ska berätta detta för dig." Han tvekade.

"Berätta."

"Jag måste ha haft en hål i huvudet eftersom jag personligen rekommenderade dig för jobbet som assisterande chef. Jag ser potential i dig, tjejen. Om du bara visade lite engagemang skulle du kunna göra något med ditt liv. Jag satte min karriär på spel för din skull, och du kan inte ens komma till jobbet en dag av sju."

"Vem, jag?"

"Ja, du. Nu sätt igång och jobba."

"Jag måste lägga min kappa på baksidan. Jag är ledsen för allt."

När hon gick förbi sina kollegor höll hon huvudet högt. Hon kunde inte tro det. Andrew rekommenderade henne till biträdande chefsposten – framför de andra medarbetarna – de som alltid lyckades komma till jobbet i tid. Det var för otroligt för att förstå.

Miranda undrade om hon hade missbedömt Andrew. Hon hade alltid sett honom som en liten Hitler. Hon pudrade näsan och satte på lite läppstift innan hon kom ut från bakrummet, redo att börja dagen. Hon såg sig omkring. Andrew var borta, liksom Sarah och Lisa.

Så oansvarigt! tänkte Miranda, att skicka hem alla medan jag fortfarande var i bakrummet. Om jag ägde det här stället skulle jag bli så arg att kassan lämnades utan uppsikt. Jag menar, hur kunde de veta hur länge jag skulle vara där bakom?

Klockan ringde och en kund kom in. "God morgon", sa Miranda när hon tog plats bakom disken. Kunden visste exakt vad hon letade efter och var hon skulle hitta det. Hon skannade in Gladiator och Casablanca och räckte över videorna. "Ha en trevlig dag", sa hon med ett leende. Snacka om skillnader i filmval, tänkte Miranda.

Klockan ringde då och då under de följande trettio minuterna och Miranda lyckades hålla sig sysselsatt. Sedan fanns det inget att göra. Jag är assistentmaterial, tänkte hon, måste hålla mig sysselsatt!

Bara ännu en dag i Miranda Evans tråkiga liv. När kommer mitt liv någonsin att förändras och bli spännande?

Miranda suckade högt och letade efter något annat att sysselsätta sig med. Hon hörde dörrklockan ringa när nya kunder kom in i butiken. Yay, tänkte hon, något att göra!

"Hej Aldo och Allan. Kul att se er!"

"Var är gamle Andrew-den-idioten idag?" frågade Aldo.

"Jag har ingen aning. Han lämnade mig ansvarig igen. Vad kan jag göra för er?"

"Vi kom bara in för att se vad du har för dig på fredag kväll. Vill du se en film eller något?" frågade Allan.

"Menar du en dejt?"

"Nej, för fan", sa Allan. "Vi killar ska träffas och vi tänkte att ni tjejer kanske vill hänga med. Inga förpliktelser, bara en fredagskväll fylld av skratt."

"Jag vet inte", sa Miranda. "Jag kanske måste jobba på fredagskvällen. Andrew-den-idioten håller mig ganska upptagen dessa dagar."

Andrew reste sig upp från bakom en hylla. Mirandas ansikte blev knallrött. Hon skulle inte jobba på fredagskvällen och det visste hon. Hon använde honom för att bli av med killarna.

"Ja, killar. Miranda jobbar på fredagskvällen. Ska ni hyra några filmer? Om inte, borde ni verkligen låta henne återgå till jobbet."

"Med den här baksmällan kan jag inte koncentrera mig på en film idag", sa Aldo. "Vi går. Vi ses, Miranda. Hej då, Andrew."

Allan vinkade.

Andrew stirrade på Miranda. Han tänkte på hur vacker hon var. Tacksam och maktlös – vilken kombination, tänkte Andrew.

"Tack Andrew, de är inte riktigt min typ."

"Ingen orsak", sa Andrew.

Miranda var förbluffad. Hon undrade hur länge han hade suttit där. Han hade spionerat på henne.

Vilken skitstövel! Nu är jag skyldig honom en tjänst och det vet han. Jag måste få ordning på mitt liv.

KAPITEL 2

REDAGSKVäLLEN KOM OCH MIRANDA skulle ut på stan med sina två bästa vänner Cheryl och Terri. Deras tillfälliga vän Linda skulle också vara med, men hon ställde in i sista minuten eftersom hon hade något bättre för sig. Linda hade återigen lyckats få en dejt med en drömkille som hon nyligen träffat på sitt jobb på Joie de Vivre Cafe. Ingen annan på jorden kunde ha döpt sitt företag till Joie de Vivre utom Linda, och det bar namnet med stolthet.

Hennes senaste pojkvän arbetade tydligen för den lokala tidningen. Han hade druckit kaffe där ett tag och tittat på Linda. Han försökte samla mod för att bjuda ut henne.

Miranda, Cheryl och Terri undrade hur Linda gjorde det! Hon hade alltid dejter. Varje helg var fullbokad. Hennes café hade verkligen ett bra läge, mitt i centrum, och hon lockade stora folkmassor vid lunchtid. De var inte elaka eller något, men tjejerna visste att de var snyggare än Linda. Visst var hon blond och fyllig och sprudlande och – ja, de visste alla varför. Linda var en ja-kvinna, och män drogs till henne som om hon hade magneter i behån.

"Så, vart ska vi gå?" frågade Miranda.

Cheryl och Terri svarade med sina vanliga axelryckningar.

"Åtminstone är vi alla på samma spår då... Ingen av oss har en aning om vad vi ska göra på fredagskvällen."

"Jag vet, vi går och äter något", sa Terri.

Vilken ny idé, tänkte Miranda, eftersom allt vi gör nuförtiden är att äta.

"Vi går och äter en Caesar Salad på Spice It Up, den restaurangen med alla snygga servitörer."

"Spice It Up, ja, vi har inte varit där och tittat på personalen på några veckor", sa Cheryl. "Fan också, jag önskar att jag hade haft på mig min nya röda silkeskjorta. Du vet vilken jag menar, Miranda? Den som får mig att se ut som om jag har en urringning."

"Ja, synd att du inte har den på dig, men jag är inte uppklädd. Titta på mig i mina slitna gamla jeans och t-shirt. Jag ser helt förfärlig ut, men jag är med på att gå till Spice It Up om ni två är det. Vi är alla underklädda. Dessutom är jag utsvulten!"

"Jag också", sa Terri.

"Jag också", sa Cheryl.

De tre vännerna pratade medan de gick in genom svängdörrarna. De märkte snabbt att stället var fullsatt och att det var kö hela vägen runt lobbyn.

De märkte en kvinna med en skrivplatta bakom receptionen som verkade vara på väg att få ett nervöst sammanbrott. Hon hade musbrunt hår som såg ut som om det tidigare hade varit uppsatt i en knut. Nu hängde det i stora lockar och hårklämman gled neråt för varje huvudrörelse. Nu hängde den fast för glatta livet. Hennes läppstift var utsmetat och fläckigt. Hennes tvådelade kostym och blus såg ut som om hon hade sovit i dem, och svett rann nerför hennes panna. Hon torkade bort den med ärmen på sin jacka.

"Nu, nu allihopa", sa hon med en geléartad röst. "Vi gör vårt bästa, vårt allra bästa." Kvinnans ton var vänlig och tröstande, men hennes kroppsspråk visade något mer i stil med "hoppa i sjön!"

Kvinnan tog sig igenom folkmassan, antecknade, mumlade och pratade med sig själv. "Hur många?" frågade hon när hon stannade till kort vid de tre vännerna. Innan hon väntade på deras svar gick hon vidare.

"Ursäkta mig", sa Cheryl och rörde försiktigt vid den upprörda kvinnans armbåge. "Tre. Du väntade inte på vårt svar." Cheryl läste kvinnans namnskylt: Ms Marty Mantle, biträdande chef för S.I.U.

"Jag är så ledsen!"

Lita på mig", sa Cheryl medan hon tog klippbordet ur Martys vänstra hand och räckte det till Miranda, som protesterande sköt bort det. Cheryl fortsatte att eskortera Marty ut ur rummet.

"Där går hon igen", sa Miranda, "AP:s socialarbetare för hela världen."

"Man måste bara älska henne", sa Terri. "Nu ska vi se om vi kan reda ut det här."

Det tog ett tag för Cheryl att lugna Marty.

"De har ingen aning om hur det är. Fredag kväll. Kongress pågår. Ingen visste. Kvinnor i näringslivet av alla saker. Hela stället fullbokat. För lite personal. Riktigt mycket att göra. Köket är kaos. Minst en och en halv timmes väntetid. Kan inte få in och ut folk tillräckligt snabbt. Kommer att förlora mitt jobb. Kan inte förlora mitt jobb, behöver pengarna."

"Ta ett djupt andetag", sa Cheryl. "Jag hämtar ett glas vatten åt dig. Det kommer att ordna sig. Mina vänner kan göra underverk. Du ska få se."

"Tack så mycket."

"Ursäkta mig, mina damer och herrar", sa Miranda. "Kan jag få er uppmärksamhet? På grund av oförutsedda omständigheter har Spice It Up blivit överbokat. Det blir en ganska lång väntetid."

"Hon sa att det var över en och en halv timme", sa en kvinna i folkmassan.

"Hon vet", sa Terri. "Om ni inte kan vänta, kanske ni kan överväga att äta någon annanstans ikväll."

"Innan alla andra restauranger stänger", sa Miranda.

Det blev en galen rusning mot dörren och snart förvandlades folkmassan till en hanterbar grupp.

När Cheryl kom tillbaka med Marty kunde hon inte tro sina ögon. "Allt jag behövde var tre änglar, som ni, så att jag kunde hämta andan. Det har varit fullt de senaste fem timmarna och de där minuterna hjälpte verkligen. Kom in och ta en drink någon gång, jag bjuder, eller ska ni vänta?"

'Nej', sa Cheryl. "Jag tror vi ska lämna dig ifred. Jag är sugen på kinesisk mat."

"Tack, tjejer, och kom ihåg att ni är välkomna på en drink när ni vill", sa Marty.

De vinkade till Marty, som om hon var en gammal vän. Så var AP. Staden med en välkomstskylt som alltid visade "27 000 invånare", oavsett hur många människor som kom eller gick.

KAPITEL 3

D E TRE VÄNNERNA BEGAV sig till närmaste kinesiska restaurang, som låg bara tre kvarter bort. Det var nästan midnatt och de var utsvultna!

"Jag tror att de har stängt", sa Miranda.

"Ja, de måste ha stängt. Det är helt öde här", sa Terri.

"Jag är säker på att vi har varit här förut, närmare klockan två på natten. De har oftast takeaway på fredagskvällar. Vi går in innan jag svimmar."

'Titta', sa Terri, "där är hon, vår favorit servitris."

May-ling sa "Hej" när hon försiktigt lade de tre menyerna på bordet. Sedan försvann hon men kom snart tillbaka med en kanna isvatten med citronskivor i. Hon gav varje tjej ett glas och fyllde dem till brädden. Sedan gick hon iväg igen och kom tillbaka med en kanna varmt kaffe i handen.

"Jag älskar den här tjejen", sa Terri, "hon är så effektiv, hon är som min mamma."

"Är ni redo att beställa?", frågade May-ling.

"Vi behöver några minuter till", sa Cheryl.

"Okej. Vink bara när ni är klara så kommer jag tillbaka."

"Vänta lite – vi beställer äggrullar nu", sa Cheryl, "jag tar två."

"Jag tar en", sa Miranda. "Måste lämna plats för det goda."

"En till mig", sa Terri.

"Jag är tillbaka om några minuter", sa May-ling.

"Jag kan inte fatta att hon fortfarande är servitris här", sa Terri. "Minns du när hon jagade mig längs gatan och skrek 'Vem tog den extra vårrullen?'. Jag dog nästan – men ärligt talat märkte jag inte ens att hon inte hade debiterat mig för den."

"Visst, visst", svarade Miranda. "Jag känner dig, Terri, din livslånga önskan att genomföra det stora vårrullsstödet!"

"Ja, vi visste att du hade en Bonnie och Clyde-sida", sa Cheryl.

"Jag vet inte hur det är med er två, men efter den dag jag har haft behöver jag ett glas vin. Vi beställer en flaska när hon kommer med vårrullarna. Åh, här kommer hon. Tack. Kan vi beställa en flaska Chardonnay?"

May-ling gick bakom baren. De hörde en kork poppa. Hon kom tillbaka till bordet och hällde upp lite vin åt Miranda att smaka på. Hon godkände det och alla fick sina glas fyllda.

"Tack. Vad sägs om en skål för oss?"

'Skål', sa de tre vännerna och klinkade ihop sina glas.

"Förresten, jag glömde att berätta för er att jag nästan blev sparkad igår."

"Igen!" utbrast Terri.

"Vad gjorde du den här gången?" frågade Cheryl.

"Låt mig berätta. Igår blev Andrew nästan galen på mig. Ärligt talat, ibland är han så otäck. Dagen började inte bra. Jag var sen och sedan var jag tvungen att skrapa fönstren. Jag körde fort, men kom ändå för sent och Andrew väntade på mig vid dörren. Miranda Evans kortlivade karriär på Vids-R-US flimrade förbi framför mina ögon."

"Kom igen, lämna oss inte i spänning", sa Terri.

"Är ni redo att beställa nu?", frågade May-ling.

"Ja, Almond Guy Ding, Chicken Soo-Guy – med såsen vid sidan om, tack. Special Fried Rice och Honey-Garlic Spareribs. Det borde räcka, eller hur?", sa Cheryl.

"Ja, jag tror det räcker och vi har fortfarande plats för dessert", sa Terri.

"Och lyckokakor", sa Miranda.

"Berätta vad som hände med Andrew", bad Cheryl.

"Andrew skällde ut mig inför två andra medarbetare. Han gav mig en ordentlig utskällning och vände sig sedan om och sa till mig – och dem – att han rekommenderat mig till tjänsten som assisterande chef. Man kunde ha hört en nål falla!"

"Oj, oj. Vilken vändning. Men hur gick det?" frågade Terri.

"Han sa att jag har 'potential', citat slut. Sen kom Aldo och Allan in i butiken och då höll det på att gå åt skogen igen."

"Allan och Aldo, inte de där två förlorarna", sa Terri.

"Ja, de kom för att bjuda in oss på en fest. Jag ljög och sa att jag måste jobba. De kallade Andrew för hans smeknamn och utan att jag visste om det stod han hela tiden och staplade varor bakom en av skyltdiskarna. Jag svimmade nästan."

"Var det då han flippade ur?" frågade Cheryl.

"Nej, det gjorde han inte. Han sa till Allan och Aldo att jag jobbade på fredagskvällen. En ren lögn. Han täckte för mig. Jag tackade honom, men nu är jag skyldig honom en tjänst. Han vet det. Jag vet det."

"Jag hoppas bara att han inte utnyttjar sin position för att sexuellt trakassera dig", sa Terri.

"Jag tror inte att han är den typen. Han är snål, han är trångsynt, men han är ingen kvinnotjusare. För det mesta är han en bra chef. Han lyssnar på våra förslag, även om han inte genomför dem. Vi föreslog till exempel att det alltid skulle vara två av oss i butiken vid öppning och stängning."

"Det borde vara två personer i tjänst. Tänk om du måste gå på toaletten? Måste du låsa alla dörrar?" sa Terri.

"Vi håller oss. Så när någon kommer in för att avlösa oss, gör de det på mer än ett sätt!"

"Det är inte bra för blåsan", sa Cheryl.

"Tror du att han kommer att glömma det eller försöka kräva tillbaka tjänsten?", frågade Miranda.

"Är han inte gift?", frågade Terri.

"Jag tror jag läste någonstans att han gifte sig med sin barndomsvän", sa Cheryl.

"Jag visste inte att Andrew var gift", sa Miranda.

"Han är inte så ful", sa Cheryl. "Dessutom har han ett jobb hos Vids-R-Us resten av livet om han vill ha det. De tror att solen skiner ur hans röv. Jag minns den där artikeln om honom i lokaltidningen. Han har potential att ta sig vart som helst i världen med Vids-R-US. Åh, här kommer vår mat. Det luktar himmelskt."

De tre vännerna beväpnade sig med ätpinnar och förberedde sig på att förinta hela kalaset.

"Jag har aldrig berättat för er varför jag sov över mig och kom för sent till jobbet igår morgon, eller hur? Jo, jag träffade mina föräldrar kvällen innan och berättade att jag ska åka till Australien i en månad. De blev helt galna. Det var som om de trodde att jag bad om deras tillstånd eller något. Jag är myndig! Jag kan åka vart jag vill, när jag vill!"

"Men Australien", sa Terri. "Varför så långt bort?"

"Man måste börja någonstans, och jag har alltid varit fascinerad av Australien. Jag är trött på att läsa om platser, jag vill åka dit och se dem själv. Jag vill inte förlika mig med Vids-R-Us med förväntningen att vara där för alltid. Jag vill ha något mer av mitt liv."

"Jag har alltid velat åka till Australien också", avslöjade Cheryl. "Min pappa åkte dit när han var i tjänst, och han berättade ofta om det. När planerar du att åka? Vill du ha sällskap?"

"December/januari, och det skulle vara jättebra! Vi skulle ha så roligt!"

"Det passar perfekt för mig. Vi stänger fabriken i december och första veckan i januari, så räkna med mig", sa Cheryl.

"Jag skulle också gärna säga ja", sa Terri, "men jag vet inte om Mr Travetti klarar sig utan mig i en hel månad. Han är helt beroende av mig för allt."

"Tänk på saken. Hör av dig. Det skulle inte vara samma sak utan de tre jungfruliga musketörerna som en komplett uppsättning."

Det var jag som kom på namnet De tre jungfruliga musketörerna. Det var ett hemligt namn som vi inte delade med någon annan. Man vill inte direkt gå runt och berätta för främlingar att man är oskuld. De kanske tycker att man är konstig eller något när man bara inte har träffat rätt kille. Jag är tjugofem och stolt över att vara en del av De tre jungfruliga musketörerna. Vårt motto är: Vänta på den rätte.

Ibland oroar jag mig dock för oss. Vid tjugofem är det ovanligt att vara oskuld, men inte otänkbart. Jag tror att det finns många fler tjejer där ute som vi, som är för rädda för att erkänna att de inte har gjort det. På mina föräldrars tid blev en tjej utstött om hon gjorde det innan hon gifte sig. Idag är du en freak om du inte gör det.

"Miranda, Miranda – hallå!" sa Terri.

"Åh, förlåt, jag var på en annan planet."

"Jag sa att jag ska fråga min chef på måndag och återkomma till dig. Jag har en hel del semesterdagar som jag inte har tagit ut. Jag har inte haft semester sedan jag började där för två år sedan."

"Då så, du förtjänar det!" sa Miranda.

Miranda gick på toaletten, medan Cheryl och Terri bråkade om vem som skulle få den sista portion Chicken Soo Guy.

"Vi borde vänta, ifall Miranda vill ha den, tror du inte?" frågade Cheryl.

Miranda satte sig ner. Hon knackade med fingrarna på bordet och trummade tills hon märkte att hennes två vänner stirrade på henne.

"Vad är det?"

"Är det okej om Cheryl äter upp den sista portion Soo-Guy?"

"Åh, för guds skull, ta den! Mina lår behöver den ändå inte och jag är mätt. Ursäkta mig, May-ling, kan du hämta en flaska Chardonnay till?"

"Vi stänger snart, mycket snart. Vi måste dricka fort."

"Åh, herregud!" utropade Cheryl. "Klockan är över två."

"Strunta i vinet då. Bara notan, tack", sa Miranda. "Jag har hyrt Mission Impossible II och Muriel's Wedding – båda filmade i Australien, kan jag tillägga. Jag har gott om vin hemma."

"Det låter bra, då går vi", sa Terri.

Så gick de, tre vänner, hopplösa och utan dejter på en fredagskväll.

KAPITEL 4

GOLVET SKAKADE UNDER DEM. Musiken dundrade. DUNK, DUNK, DUNK. Mirandas huvud var på väg att explodera av en svår baksmälla, vars smärta förvärrades av den högljudda musiken som kom från lägenheten en våning under hennes.

"Vad i?" frågade Cheryl.

"Det är den där rock'n'roll-idioten som bor under mig. Varje lördag är det exakt samma sak. Vanligtvis stör det mig inte, men idag har jag ont i huvudet."

"Jag också", sa Terri. "Jag sätter på en kanna kaffe. Kan du gå och fråga honom om han kan sänka volymen lite grann?"

"Jag kan försöka. Men han är en lustig kille. Förra gången jag bad honom sänka volymen sänkte han den i några minuter och sedan höjde han den ännu mer än tidigare. Det var klockan tre på natten."

"Låt oss bara ta en kopp kaffe, göra oss i ordning och gå ut. Vi kan äta frukost på Lindas café, och hon kan berätta om sin stora dejt igår kväll."

"På tal om igår kväll, jag är ledsen att jag blev så gråtmild över du-vet-vem", sa Miranda.

"Det är okej, men du måste verkligen släppa det, släppa honom. Han var ändå inte bra nog för dig", sa Cheryl.

"Kaffe, kaffe", sa Terri, "jag behöver starkt kaffe. Jag behöver svart kaffe, och jag behöver det nu."

"Det låter som beskrivningen av mannen jag också behöver", sa Miranda medan hon öppnade persiennerna i vardagsrummet. Det var en vacker vinterdag. Hon märkte att det enda lönnlövet fortfarande klamrade sig fast vid en gren för sitt liv. Hon hade kollat det varje dag sedan hösten började. Hon visste att vinden skulle ta det någon gång. För tillfället dansade det utanför hennes balkong. Hon andades djupt och vinterluften fick henne att hosta.

Det var några gånger igår kväll som tjejerna hade ord. En het diskussion bröt ut, och det var Mirandas fel. De tre vännerna bråkade inte så ofta, men när de gjorde det blev det oftast en stor konflikt.

"Kommer vi någonsin att träffa några trevliga killar?" frågade Miranda och sluddrade. "Allt jag vill är att hitta en bra man, gifta mig, köpa ett hus, skaffa barn, en hund, kanske en katt."

"Jag tror att vi är de enda 25-åriga oskulderna som finns kvar i AP, för att inte tala om hela Ontario, och vi borde vördas", sa Cheryl.

"Att vara oskuld är helt omodernt", sa Terri, "jag skulle i alla fall inte skryta om det för alla. Det är ett personligt val."

Valet var personligt, på olika nivåer för alla tre tjejerna. Det var inte så att de inte hade dejter eller möjligheter. De kunde bara inte hitta den rätte. Killen vars kyss kunde få deras tår att pirra. Killen vars kyss kunde sätta igång fyrverkerier som i Love American Style. Killen som kunde få dem att känna sig som de enda kvinnorna i världen. Killen som inte sprang iväg när han hörde ordet åtagande.

För drygt ett år sedan trodde Miranda att hon hade hittat den killen. Han hette Charlie Smith. Han fick Miranda att skratta. De pratade om allt. Deras relation var så bra att han blev deras fjärde vän. Miranda och Charlie dejtade i tre månader. De pratade om äktenskap och att skaffa barn. Miranda var säker på att hon älskade honom. Hon sa aldrig det till honom, men hon kände att han visste. Sedan lämnade han henne, utan ett ord.

Miranda kom aldrig över det. Hon längtade fortfarande efter honom. Undrade vad hon hade gjort fel. Hon mindes den sista kvällen de var tillsammans. De gick på bio. Charlie följde henne hem. Han såg henne i ögonen och kysste henne passionerat. Miranda hade ingen aning om att det var en farvälkyss.

"Han hade så många bra egenskaper. Inte konstigt att han inte ville ha mig", sa Miranda.

"Han är en feg jävel", sa Terri. "Punkt slut. Han är inte värd det. Låt honom gå."

"Jag slår vad om att han är gift nu, har barn och lever vårt drömliv med någon annan. Förmodligen en blondin. Han har alltid haft en förkärlek för blondiner."

"Om du är så intresserad, varför ringer du inte banken och tar reda på var han är? Lägg det här bakom dig en gång för alla. Jag kan göra det åt dig", sa Cheryl. "Det här är inte hälsosamt, Miranda."

"Jag behöver bara komma bort, få tankarna på något annat. Lite spänning i mitt liv, så kan jag lägga Charlie bakom mig. Resan till Australien kommer att göra mig gott. Det är precis vad doktorn ordinerat."

"Är du säker på att Andrew kommer att låta dig ta ledigt?", frågade Terri.

"Han har andra som kan täcka upp, det är ingen fara. Dessutom ska jag göra lite research i Australien, se hur australierna driver Vids-R-Us och rapportera tillbaka till honom. Kom ihåg att jag är en potentiell assisterande chef. Det kommer att gå bra."

De kom fram till Joie de Vivre. Linda syntes inte till.

"Hej, Sal, var är Linda?" frågade Terri.

"Eh, hon hade en sen kväll."

"Det är typiskt Linda. Säg till henne att vi förväntar oss fullständiga detaljer snart", sa Miranda.

Cheryl beställde bacon och ägg, Terri tog en rostad western sandwich och Miranda beställde en bagel med cream cheese på sidan. De drack så mycket kaffe att de var helt uppe i varv när det var dags att betala notan.

"Gör det något om vi tittar in på resebyrån i gallerian? Jag skulle vilja hämta några broschyrer och få prisuppgifter på flyg", sa Miranda.

"Bra idé", svarade Cheryl. "Ju mer vi vet, desto bättre."

När de kom till resebyrån var det kö och Joe Cool bakom disken sa att han skulle "ta hand om dem strax". De tog några australiska resebroschyrer och började bläddra igenom dem.

"Kan jag hjälpa er?", frågade Joe Cool till slut.

"Ja, vi skulle vilja åka till Australien i december/januari. Kan du berätta hur mycket vi kan förvänta oss att betala?", sa Miranda.

"Det är högsäsong, det är den dyraste tiden att åka. Tre platser?", frågade Joe Cool. "Har ni något flygbolag ni föredrar?"

"Air Canada, kanske Qantas – beroende på priset", sa Miranda.

"Det råkar vara så att Air Canada samarbetar med Air New Zealand, och de har ett erbjudande för julen. Ni måste resa den 1 december och återvända antingen den 31 december eller den 1 januari. Kostnaden är 2299,00 dollar. Ni måste dock boka omedelbart och lämna en deposition."

"Vilket erbjudande!" utbrast Miranda. "Vad vill ni göra, tjejer?"

"Jag kan inte betala handpenningen idag", sa Terri. "Kan du hålla våra platser till måndag? Jag måste bekräfta med min chef. Vi ordnar med betalningen då."

"Du kan hålla två platser som definitiva och vi betalar handpenningen", sa Miranda. "Vi behöver bara bekräftelse på den ena platsen."

"Har ni alla pass?" frågade Joe Cool.

"Ingen av oss har det!"

"Här är blanketterna. Se till att ordna med foton och så vidare så snart som möjligt, eftersom ni flyger den 1 december. Era namn kommer att placeras på prioriteringslistan eftersom ni redan har bokat flyg. Vill ni betala handpenningen med kreditkort?"

"Nej, med Interac", sa Miranda.

"Samma för mig", sa Cheryl.

"Tack för hjälpen", sa Miranda. "När behöver ni resten av pengarna?"

"Om en vecka – då kan jag också hjälpa er med er agenda. Det är ett stort land och det finns mycket att se på en månad."

"Vi ses då."

"Vi kan ta våra foton tvärs över gatan när vi kommer tillbaka nästa vecka", sa Miranda. "Allt kommer att rulla på fint. Vi ska åka till Australien! Vi ska verkligen åka till Australien!"

"Jag är hungrig", sa Terri.

De tre vännerna åt ganska mycket för att kompensera för sin manlösa tillvaro.

"Vi tar en varmkorv i parken. Det är en perfekt dag för det!", sa Terri.

"Jag kan fortfarande inte fatta att vi ska åka", sa Miranda. "Jag kan se det framför mig, vi på den vita sanden på stranden, tittar på de snygga australiensiska surfarna. Och tänker på alla dem här hemma - som fryser ihjäl!"

Miranda släppte av Cheryl vid hennes hem och Terri vid hennes. Hon stannade till vid 7-11 och köpte choklad, bröd och mjölk och åkte sedan hem.

Cheryl bodde med sin mamma och två yngre syskon. Terri bodde med sin mamma, pappa och äldre bror. Miranda skulle dock aldrig bo med sina föräldrar. Det var trevligt att besöka dem, men sedan hon flyttat hemifrån hade hon vuxit så mycket och hon älskade friheten. Hon kunde aldrig återvända till att bo under deras tak och följa deras regler. Visst var det inte lätt att jobba udda tider på Vids-R-Us och ta skiftarbete, men eftersom hon var villig att ta alla timmar hon kunde få för att klara sig ekonomiskt, gjorde det att det var lättare för henne att bo ensam. Det var den främsta anledningen till att hon trodde att Andrew-den-idioten behöll henne, eftersom hon jobbade fler timmar än någon annan och inte klagade på det.

Men hon kom aldrig i tid till jobbet. Miranda lät Andrew veta hur mycket hon behövde extra timmar för att få ekonomin att gå ihop. Hon visste att han räknade med henne när det verkligen gällde. Miranda ansåg sig själv vara lyckligt lottad. Hon arbetade mycket. Hon gjorde lägenheten till ett hem. Det var Mirandas första hem. Hon var så stolt över det.

Hon slängde sig i soffan, zappade igenom alla TV-kanaler och konstaterade att det inte fanns något värt att titta på. Alla kanaler verkade sända sport, sport och ännu mer sport. Hon tryckte på avstängningsknappen. Hon startade CD-spelaren och hörde Chris DeBurghs röst. Hon lutade sig tillbaka i soffan och läste flera kapitel i The Poisonwood Bible. Det var den här boken, ett av Oprahs bokklubbval, som först inspirerade Miranda att resa. Hon insåg att det fanns en helt annan värld där ute som bara väntade på att hon skulle komma och utforska den.

När vi väl har besökt Australien är det bara himlen som är gränsen. Sedan Afrika, Indien, Kina...Ingenting kan stoppa oss!

Miranda drömde om att rida på en kamel i Outback och somnade till slut.

KAPITEL 5

HOS TERRI VAR DET inte så lugnt och avslappnat. Det var snarare som om tredje världskriget hade brutit ut.

"Jag förbjuder dig att åka", skrek Terris pappa Angelo.

"Pappa, lugna dig. Jag är vuxen, jag kan åka vart jag vill. Jag behöver inte din tillåtelse."

"Du bor under mitt tak, din otacksamma dotter. Du följer mina regler. Du betalar inte hyra och köper inte mat. Du har ingen aning om hur den verkliga världen fungerar."

"Jag åker inte ensam, pappa. Jag åker med Miranda och Cheryl."

"Men ditt jobb då? Du har sagt upp dig hos Mr Travetti."

"Nej, jag måste få hans tillstånd för att åka. Jag ska fråga honom imorgon. Jag ville bara prata med dig och mamma om det först. Jag trodde att ni skulle bli glada för min skull."

"Teresa, Teresa", sa Angelo.

När han var arg kallade Angelo alltid sin dotter Teresa. När Terri hörde det visste hon att hennes pappa var på väg att explodera.

"Teresa, tre unga, märkbart unga, naiva tjejer kan inte resa runt i Australien. Vad vet ni tre om världen? Ni jobbar, ni vet ingenting om män."

"Men pappa, jag är tjugofem år gammal."

"Oavsett din ålder, Teresa, så länge du bor under mitt tak ska du följa mina regler. Glöm det nu. Det är för ditt eget bästa. Du kommer att tacka mig."

"Pappa, jag kommer att ringa dig varje dag."

"NEJ!"

Terri bad och tittade på sin mamma för att få lite stöd. Terris mamma förblev tyst.

Maria visste att Angelo ännu inte hade nått sin kokpunkt. Hon väntade i bakgrunden, tyst, med huvudet böjt som om hennes fulla uppmärksamhet var riktad mot korsstygnsbroderiet i hennes knä.

Terri tittade på sin mamma, som pillade med broderiet, och kände sig arg på henne. Hon ville ha en allierad, någon som stod på hennes sida. Hennes mamma kunde säkert känna empati. Terri visste faktiskt att hon kände empati, men just nu satt hennes mamma som en osynlig kvinna på andra sidan vardagsrummet.

Terri tittade på sin pappa, som var röd i ansiktet. Angelo gick fram och tillbaka i rummet som en blivande pappa. Då och då satte han sig ner, slog näven i bordet som ett barn som inte får som han vill, och hoppade sedan upp och började gå fram och tillbaka igen.

Det var en viljekamp. För Terri handlade det om att bevisa att hon var vuxen. För Angelo handlade det om att gå med på att låta sin dotter åka.

"Pappa, jag kommer att börja betala hyra."

"Teresa! Nej! Det handlar inte om pengarna. Jag vill inte att du åker!"

Terris storebror Giovanni kom in i rummet. "Åka vart? Pappa, jag hörde dig skrika ända ner på gatan."

"Din syster vill lämna oss för att åka till Australien med sina vänner."

"Aldrig i livet, ni tjejer kan inte åka dit på egen hand. Det är farligt. Det är ett tufft land och ni tre har inte en aning om hur man överlever i vildmarken. Inte en aning."

"Vi ska inte vara med i Survivor, Giovanni! Vi planerar att bo på vandrarhem, bed and breakfast, ställen där vi är helt säkra."

När ordet vandrarhem kom ur hennes mun såg Terri Giovannis reaktion. Hon önskade att hon kunde ta tillbaka orden. Varma tårar rann nerför hennes kinder.

"Vandrarhem!" skrattade han. "Ni tre skulle inte klara er utan eget badrum. Ni har ingen aning, ingen aning alls."

Maria reste sig lugnt.

De vände sig mot henne och såg hur hon försiktigt lade sitt handarbete på bordet. Hon höll blicken nedåtriktad när hon gick tvärs över rummet.

"Gå till ditt rum, barn, och lämna dem åt mig. Det kommer att ordna sig. Gå nu."

Terri visste att det var meningslöst att diskutera. Hon trodde att hennes mamma skulle göra allt hon kunde för att övertyga hennes pappa. Tillbaka i sitt rum klädde Terri på sig pyjamasen och drog täcket upp till hakan. Det gav henne ingen tröst. Hon stirrade upp i taket och somnade.

Terri var i den australiska vildmarken med sina två vänner. De var mycket törstiga. Det röda dammet blåste mot dem och tumbleweeds kom fram för att hälsa på dem. De liftade.

På avstånd kom en himmelsblå pickup, dammig av röd jord, körande mot de tre vännerna. När bilen nådde flickorna öppnade Marlboro-mannen dörren för dem och bjöd in dem.

"Behöver ni skjuts?" frågade han.

"Tack, vi har gått vilse", sa Terri och klättrade in bredvid honom, följd av Cheryl och Miranda. Det var trångt.

Svettiga, kropp mot kropp, var värmen kvävande. Terris högra sida var intill Marlboro-mannen. Hon kunde se hans stubbiga haka och känna hans muskiga doft.

"Var kommer ni ifrån?", frågade han.

"Vi kommer från Kanada och har kört vilse." Terri kunde inte sluta titta på hans mun.

"Okej, ni tjejer borde inte vara här ute, jag kör er tillbaka till A Town Called Alice."

A Town Called Alice? tänkte Terri. Jag känner till den platsen. Jag har sett en TV-film om den på PBS.

Bilen började knacka och gunga. Knackningarna blev allt högre.

Någon stod vid dörren. Det var Maria.

"Din pappa är en stolt man, men han är också väldigt envis. Så ja, så ja, du kan åka. Du kan åka, ringa varje vecka och köpa en present till din pappa."

"Tack mamma", sa Terri och gav henne en stor kram.

"Gå och lägg dig nu. Prata inte om det här i morgon. Ge det tid."

Terri lade sig ner och försökte återvända till sin dröm. Marlboro-mannen var borta.

Ibland kände Terri att hennes längtan efter en man var så stark att hon höll på att spricka. Hennes föräldrar skulle komma in en morgon och hitta henne – i bitar.

Skulle någon sakna mig om jag sprängdes?

Hennes föräldrar skulle det. Hennes bror skulle det. Hennes chef skulle det. Hur skulle han klara sig utan henne? Han spenderade pengar som om det var på väg att gå ur mode och Terri var tvungen att be honom sluta.

Terri mindes kvällen när Mr Travetti berättade om sin familjs historia:

"Mina föräldrar kom från Italien 1921. De hade inga pengar. Pappa var skräddare, mamma var skräddare, de tillverkade resväskor. Nu, femtio år senare, tillverkar vi fortfarande resväskor. Utan dem skulle jag vara ingenting."

Terri visste genast att hon ville arbeta för Mr Travetti, att vara en del av hans familjs vision, deras dröm.

Efter att jag har pratat med Mr Travetti imorgon, och han säger ja, ska jag se om vi kan få några bra erbjudanden på bagage.

Terri var så uppspeld!

Först kunde hon inte sova, men när hon väl somnade drömde hon om gosiga koalor.

KAPITEL 6

99 MAMMA, JAG HAR SPÄNNANDE nyheter", sa Cheryl. "Jag är på väg att spricka!"

"Vad är det?" frågade Janet.

"Är Craig och Evelyn hemma än? Jag vill berätta det för er alla tillsammans."

"Ja, Craig är i vardagsrummet och tittar på TV och Evelyn är i sitt rum. Craig! Evelyn! Kom ut, er syster har något att berätta."

"Ska du gifta dig?" frågade Craig.

"Du är gravid", sa Evelyn.

"Evelyn, din snuskiga lilla rackare", sa Janet. "Ignorera henne, Cheryl. Vad är det för stor hemlighet?"

"Jag önskar bara att pappa också kunde vara här", sa Cheryl.

"Han är här, älskling", sa Janet. "Fortsätt, vi lyssnar alla."

"Jag ska åka till Australien!"

"Vad?"

"När?"

"I december. Vi har redan betalat en del av flygbiljetterna. Jag ska åka med Miranda och kanske Terri. Hon hoppas kunna få ledigt från jobbet."

"Det är ju jättehäftigt!" utbrast Janet. "Din första utlandsresa, och jag förstår varför du tänker på din pappa just nu. Han älskade Australien. Det var något alldeles speciellt för honom."

"Kan du ta med en boomerang till mig?" frågade Craig, Cheryls sjuttonårige bror.

"Visst. Det är lätt att hitta boomeranger i Australien."

"Ta med simmaren Ian Thorpe till mig. Ja, det vore trevligt", sa Evelyn, sexton år gammal men snart tjugofem.

"Trevligt." Janet frågade: "Var skulle du placera honom?"

"Jag skulle hitta en plats, mamma, oroa dig inte."

"Om jag träffar Ian Thorpe ska jag se om han har en äldre bror åt mig – då är vi båda klara."

"Åh, herregud. Jag kom just att tänka på något. Jag kommer strax tillbaka", sa Janet.

"Vad är det?" frågade Craig.

"Jag hoppas att hon inte gråter där bak, vi kommer verkligen att sakna dig, syster", sa Evelyn.

"Jag är bara borta i en månad. Jag är tillbaka innan du vet ordet av."

"Men du kommer att missa julen", sa Evelyn.

"Jag vet, men det kan inte hjälpas. Vi fick ett fantastiskt erbjudande på dessa flyg och det är högsäsong och allt. För att inte tala om att det är perfekt timing eftersom fabriken stänger i december. Timingen är perfekt. Den här chansen är för bra för att låta den gå förbi."

De hörde fotsteg komma upp från källaren. Janet bar uppenbarligen på något tungt.

"Behöver du hjälp, mamma?" frågade Craig.

"Ja, det vore trevligt, Craig", sa Janet medan hon överlämnade en del av vikten från den gamla kistan till sin son. "Puh, den är tyngre än jag minns."

"Det är det verkligen, mamma, du skulle ha ringt mig", sa Craig.

"Nåväl, nu är vi uppe – vi ställer ner den här, okej. Ett, två, tre. Bra, nu ska vi se om jag kommer ihåg var nyckeln är. Åh, jag minns, den ligger i Toby-burken i skåpet. Ja, här är den. Kom hit allihop. Som ni alla vet tillhörde den här en gång er far. Låt mig öppna den och ja, här är något till dig Cheryl, något som jag tror att din far skulle vilja att du skulle ha med dig på din resa."

Det var hennes fars marintransportväska. Cheryl höll den mot kinden. Den luktade fortfarande som han – Irish Springs.

"Tack, mamma. Jag vet inte vad jag ska säga. Jag var redan glad, men nu har du gjort mig ännu gladare." Hon kysste Janet och kramade henne.

"Det finns några bilder också, låt oss titta. Ja, här är din pappa vid Sydney Harbour Bridge, i Blue Mountains och vid Sydney Opera House. Han ser så stilig ut. Han var bara tjugofem när de här togs."

"Var pappa lika gammal som jag när han åkte till Australien?"

"Ja, nu, ja, jag hade inte tänkt på det förut. Jag tror att du kanske är ämnad att åka dit, och eftersom du är äldst tycker jag att det är dags att du använder den här väskan. Din pappa är alltid med dig i anden, och nu kan hans väska också vara med dig. Den kommer att bringa dig lycka. Just nu – titta bara på klockan. Det är nästan midnatt."

Craig, Evelyn och Cheryl gick fram till sin mamma och kysste henne på kinden.

Janet satt kvar vid kofferten i flera timmar. Hon tog ut allt. Hon hittade ett kärleksbrev som hon hade skrivit till Martin. Faktum var att alla brev hon någonsin hade skrivit till honom var bundna ihop med ett band. Hon kramade dem intill sitt hjärta och tårarna började falla.

Vissa säger att tiden läker alla sår, men Janets hjärta fortsatte att värka. Hon städade köket och dukade fram frukosttallrikarna för morgonen. Hon gick inte och la sig förrän hon var helt utmattad. Hon kunde inte stå ut med ännu en natt ensam i sängen som hon och Martin en gång delat.

Cheryl lade väskan över bröstet och sov med den där.

Hon drömde att hennes pappa var med henne och berättade om sina äventyr i Australien: "Det kan vara ett mycket hårt och farligt land, Cher. Se till att besöka Blue Mountains och när du korsar bron till klippformationen Three Sisters, tänk på mig då. Jag kommer att vara där med dig. Jag kommer att vara vinden som rör vid ditt ansikte."

Cheryl vaknade.

Det var så verkligt, så väldigt verkligt. Jag saknar honom så mycket. Pappa, jag saknar dig så mycket. Ingen kallar mig Cher längre. Det är inte rättvist att du är borta och vi är här.

KAPITEL 7

SÖNDAG MORGON KLOCKAN 10 och det var Mirandas tur att öppna Vids-R-Us. Andrew var inte där idag, men hon visste att han alltid kollade att den som öppnade var där i tid. Hon var där klockan 9:50 och hade fullt upp med att fylla på hyllorna med videor som hade lämnats tillbaka under natten.

Klockan 10.03 kom hennes första kund. Han valde två videofilmer och insåg att han hade glömt sitt id-kort.

"Tyvärr", sa Miranda. "Företagets policy. Inget kort, inga videofilmer."

"Slyna", sa han och trängde sig in genom svängdörrarna.

"Ha en trevlig dag", sa Miranda.

Idag kommer ingenting att göra mig upprörd. För jag ska åka till Australien på en riktig semester. Min första flygresa. Min första utlandsresa. Ingenting kommer att förstöra det för mig.

Fasttelefonen ringde klockan 10:05 och hon svarade på första ringsignalen. Andrew var noga med att behålla fasttelefonen. Han var irriterande på det sättet. "Hej Andrew. Ja, jag har varit här i femton minuter. Du är dock sen med att kolla upp mig. Jag måste anteckna det i din rapport. Ha ha. Njut av din lediga dag och oroa dig inte. Allt är okej. Kom ihåg att jag har potential att bli assisterande chef."

"Fortsätt med det goda arbetet, Evans."

"Åh, jag måste gå. En ny kund har just kommit." Miranda lade på luren och hälsade kunden med ett hjärtligt "God morgon".

Mannen svarade med ett grymtande. Hans kroppslukt spred sig och kvarstod även om han nu befann sig på andra sidan rummet. Miranda sprutade Windex på disken för att försöka få bort lukten. När hon torkade av disken märkte hon att mannen verkade vara vilsen.

Hon såg honom rota igenom avdelningen för nyheter och kasta videor på golvet. Han var i trettioårsåldern, blond, klädd i en läderjacka och gamla, smutsiga läderstövlar. Han verkade irriterad när han inte kunde hitta en viss titel.

"Kan jag hjälpa dig att hitta något?" frågade Miranda.

"Nej", sa han och skakade på armen, vilket spred ännu mer kroppslukt i hennes riktning. Det var då hon kände en annan lukt: whisky. Hon höll andan.

Bakom disken höll Miranda sig sysselsatt med att lägga tillbaka DVD-skivor i hyllorna. Hon hade ryggen mot kassan när hon hörde fotsteg. Han var på väg bakom disken till henne.

"Lämna över pengarna, sötnos. Jag har en pistol under jackan och jag kommer att använda den."

Först trodde Miranda att hon var med i ett dolda kameraprogram eller något liknande. Jag menar, sötnos. Var har den här killen varit de senaste femtio åren, i en tidsloop och tittat på Al Capone-filmer eller något?

"Det finns inte mycket i kassan än. Allt jag har är en floater. Vi har varit öppna i mindre än en timme. Varför går du inte bara, så glömmer vi hela grejen, va? Jag säger inget till någon."

"Ge mig pengarna!"

Miranda gav honom 50 dollar.

"Är det allt? Var är kassaskåpet?"

Miranda pekade på skylten på väggen som visade att det inte fanns något kassaskåp i lokalen.

"Ur vägen", sa mannen, knuffade Miranda åt sidan och sträckte sig efter hennes handväska. Han letade igenom innehållet och hittade mindre än 10 dollar. Han slog frustrerat i disken.

Under tiden övervägde Miranda sina alternativ. 1. Skrika på hjälp. Det var ingen utanför. Ingen skulle höra henne. 2. Ringa 112. Telefonen fanns på andra sidan disken. Kunde hon ruska honom som en tjur i en porslinsbutik, välta honom och fortfarande ha tillräckligt med tid att slå 112 innan han hann resa sig? Nej.

Alternativ 3. Be. Det var det bästa av de tre alternativen och Miranda började recitera "Fader vår".

Mannen sparkade på kassaapparaten och slängde datorn i golvet.

Hjälp mig, Gud. Skicka någon. Andrew? Andrew. Mirandas böner förblev obesvarade.

Mannen grep tag i hennes axlar och ett ögonblick trodde hon att han skulle ge henne en huvudspark. Istället slog han henne så hårt att hon föll omkull.

"60 dollar!" skrek han och knöt nävarna. "Bara 60 dollar!"

"Vi gör alla misstag. Ta de 60 dollarna och gå, jag lovar att jag inte ska säga något. Du kan gå härifrån."

Miranda såg att hennes ord föll för döva öron. Han var i panik.

"Ge mig dina kreditkort!"

"Jag... jag har inga", sa hon. Anteckning till mig själv – Skaffa kreditkort för nödfall. Hon skrämde sig själv med tanken, och ett litet skratt slank ur hennes läppar. Hon försökte hålla tillbaka det, men han hörde det och blev rasande. Hon reste sig så fort hon kunde och försökte springa mot dörren, men det var lönlöst. Han hade henne inom några sekunder.

Han lade sin vänstra arm runt hennes hals och höll fast sin fånge. Med den andra handen letade han igenom hennes fickor tills han hittade det han letade efter. Nycklarna.

Han släpade henne till ytterdörren, låste den och knuffade sedan ner henne på golvet bakom disken. Hon letade efter något slags vapen men hittade ingenting. Hon kämpade emot när han slet av knapparna på hennes älskade vita blus och fumlade med hennes behå tills hennes bröst studsade framåt.

Han tafsade på dem och dreglade. Lukten av svett och whisky vände sig i magen på henne.

Hon skrek, men det var det sista som skulle höras den morgonen, eftersom han stoppade in trasan som hon hade använt för att torka disken i hennes mun. Den luktade och smakade som Windex och damm. Han slet i henne och hon kämpade emot när han rev av resten av hennes kläder. Han använde hennes behå för att binda hennes händer bakom huvudet så att hon inte kunde göra motstånd. Hon var hjälplös när han slickade hennes bröst. Hon skrek, men bara för sig själv, för ett munkavle-skrik är inget skrik alls, när han kom in i henne.

När det var över sa han: "Pengarna var allt jag ville ha, men tack." Han tittade på hennes namnskylt och läste hennes namn.

För en sekund trodde Miranda att han skulle kyssa henne. Hennes mage vände sig.

Han lutade sig mot henne och slog henne i munnen.

"Ring inte polisen, annars kommer jag tillbaka och tar dig igen. Du är lite smaklig."

Han drog upp byxorna och tog på sig jackan. Han sträckte sig in i Mirandas handväska och tog hennes plånbok. Han stoppade den i fickan.

"Kom ihåg, jag kommer att hitta dig och döda dig och alla du älskar om du berättar för polisen."

Det var över. Han var borta.

Miranda lyckades frigöra sina händer efter en stund. Medan han våldtog henne hade hon försvunnit in i sina trygga murar. Där kunde han inte röra henne.

När hon var fri samlade hon ihop alla sina kläder som blomblad från golvet och klädde på sig.

Hon visste att hon var i trubbel, stort trubbel, och hon visste inte hur hon skulle hantera det. Han hade hennes ID-kort. Han hade hennes adress. Hon var inte längre oskuld. Hon var inte längre en av de tre oskuldsmusketörerna.

Hon var inte säker på om hon sa det högt eller inte, men orden verkade eka och genljuda i hela rummet. Hon hade varit hans tröstpris. Hon hade väntat i tjugofem år, och han hade tagit henne mot hennes vilja. Hon skrattade och började sedan gråta okontrollerat.

Hon reste sig och såg två personer, en man och en kvinna, med ansiktena pressade mot glaset. De ville komma in.

Bättre sent än aldrig.

Hon märkte kvinnans oroliga uttryck när hon insåg att ett av hennes bröst fortfarande var helt blottat. Hon visste att hon måste se förfärlig ut.

Hon kunde fortfarande känna blodet rinna nerför hennes ansikte. Hon var i oordning och förmodligen i chock.

Miranda lyfte luren och drog en suck av lättnad när hon hörde kopplingstonen. Hon tryckte på snabbvalet, Andrews nummer. Han svarade. Hon identifierade sig inte.

"Jag slutar! Jag har just blivit våldtagen under mitt skift! Vi har alltid sagt att två personer ska vara på plats vid öppning och stängning!"

Hon lade på utan att vänta på svar.

Hon ringde 112 och berättade för en trevlig dam vad som hade hänt. Kvinnan sa att hon skulle skicka en ambulans och polisen. Kvinnan frågade om hon mådde bra.

"Nej, det gör jag inte. Jag mår inte alls bra! Faktum är att jag förmodligen aldrig kommer att må bra igen!" skrek Miranda i luren.

Hon sjönk ner på golvet. Hon kunde inte tänka på något annat än vatten. Varmt vatten. Kokande vatten. Som rann över henne. Över hela henne. Hon ville riva av sig all hud från kroppen. Hon undrade om blekmedel skulle ta bort hans stank.

Sedan tänkte hon på Australien. Hon skulle åka dit om några veckor. Hon skulle aldrig komma tillbaka till Vids-R-Us igen.

När de kom fram satt hon nära dörren i fosterställning och nynnade på en sång om Australien.

KAPITEL 8

D ET DRÖJDE INTE LÄNGE förrän Miranda önskade att hon hade hållit tyst. Andrew försökte trösta henne med en kram. Hon ryggade tillbaka från honom.

Polisen skickade en kvinna och en man: sergeant Jim Miller och konstapel Gerri Mitchell. De spelade den snälla polisen och den elaka polisen. Sergeant Miller var snäll, men konstapel Mitchell var en helt okänslig häxa. Så mycket att Miranda ville gråta.

Miranda berättade upprepade gånger vad som hade hänt. Hon önskade att de inte skulle fortsätta ställa samma frågor. Det som hade hänt hade hänt och det skulle inte förändras, oavsett hur många gånger de fick henne att upprepa det.

"Du hade aldrig sett mannen förut?"

"Nej."

"Var han medlem?"

"Jag vet inte. Han ville inte ha videor. Han ville ha kontanter."

"Vad hade han på sig? Blå jeans? Hade han boxershorts eller kalsonger?", frågade konstapel Mitchell.

"Han hade en läderjacka. Han stank av kroppslukt och gammal whisky. Han hade blå jeans och stövlar. Cowboystövlar, tror jag. Jag la inte märke till om han hade boxershorts eller kalsonger."

Miranda stängde ute dem genom att sjunga en låt av U2 i sitt huvud.

När förhöret var över, ungefär trettio minuter senare, sa sergeant Miller: "Du har varit till stor hjälp, ms Evans. Nu ska vi ta dig till en ambulans. Du kan tvätta dig där. Då kommer du att må bättre."

Miranda trodde att hon aldrig skulle må bättre igen. Hon var glad över lugnet och tystnaden i ambulansens sirener. Allt var bättre än att bli förhörd av konstapel Gerri Mitchell.

På sjukhuset tog hon av sig kläderna och väntade på att en läkare skulle undersöka henne.

"Ursäkta mig, ms Evans", sa konstapel Gerri Mitchell. "Jag är här för att hämta dina kläder för några tester."

"Du kan bränna dem när du är klar med dem."

"Du behöver aldrig se dem igen."

"Tack."

En fysisk undersökning genomfördes och prover togs som bevis. Ett blodprov togs så att de kunde kontrollera att gärningsmannen inte hade någon könssjukdom eller HIV. Läkaren sa att hon skulle behöva komma in en gång i månaden under de kommande två åren för att kontrolleras innan de kunde vara 100 % säkra på att hon var fri från aidsviruset.

Till slut fick Miranda duscha.

"Finns det någon du vill ringa, ms Evans, föräldrar, vänner? Jag kan kontakta dem åt dig om du vill", frågade polisassistent Gerri Mitchell.

Miranda svarade: "Nej."

"Men, ms Evans, du behöver något att ta på dig. Kan jag hämta några kläder åt dig? Något?"

"Mina nycklar, han tog mina nycklar."

"Har någon annan ett par?"

"Min hyresvärdinna, mrs Pierce, har det."

"Okej, ms Evans, jag går och hämtar några kläder åt dig, om det är okej med dig?"

"Ja, tack."

"Och jag ber hyresvärdinnan byta lås också, medan jag är där."

"Men du kommer inte att berätta något för henne om vad som har hänt mig?"

"Inte ett ord, Ms Evans. Nu kan du ta en dusch. Jag lämnar dina kläder utanför dörren."

"Konstapel Mitchell, tack."

"Jag gör bara mitt jobb."

Hon vände på varmvattnet med full kraft. Hon lät vattnet rinna av hennes hud, ner i avloppet och ut i havet. När hon inte längre kände sig smutsig märkte hon att konstapel Mitchell hade ställt hennes övernattningsväska på stolen precis innanför dörren. Hon var tacksam över att ha sina saker och kramade dem ett tag innan hon började klä på sig.

Sedan slog en tanke henne: en minut var hon oskuld, nästa minut var hon som en groda på ett undersökningsbord som alla kunde tafsa på. Hon skälvde vid tanken, kämpade mot tårarna och bestämde sig för att det kanske var dags för lite terapi. Om jag någonsin ser honom igen, kommer han att dö. Det lovar jag dig!, sa Miranda till sin spegelbild.

Konstapel Mitchell körde Miranda hem i sin svartvita polisbil.

"Finns det någon som kan stanna hos dig ikväll? Mrs Pierce kan inte byta lås förrän imorgon."

"Nej, jag låser dörren dubbelt. Det kommer att gå bra. Tack för allt. Jag är ledsen att jag missbedömde dig där borta när du förhörde mig. Jag var nog överkänslig."

"Förlåt att jag var så hård mot dig. Jag gjorde bara mitt jobb. Ta hand om dig."

Mirandas händer skakade när hon öppnade dörren. Väl inne hällde hon upp en rykande het kopp te. Hon funderade på att hälla i en skvätt whisky, men lukten fick henne att vilja kräkas.

Who Wants to Be a Millionaire gick på tv. Regis var desperat att ge bort pengarna. Hon försökte koncentrera sig, men hennes tankar vandrade hela tiden tillbaka till dagens händelser.

Hon ringde ett konferenssamtal till Terri och Cheryl. "Jag behöver att ni två kommer hit, genast. Jag kan inte förklara."

De var vid hennes sida inom 10 minuter.

Miranda orkade inte gå igenom alla detaljer igen. Hon berättade så mycket hon kunde för sina vänner och grät sig sedan till sömns på soffan.

Terri och Cheryl gick in i köket. De kände inte till detaljerna, men de visste tillräckligt. Det var obscent. "Tycker du att vi ska ringa hennes föräldrar?", frågade Cheryl.

"Nej, Miranda står inte nära dem. Det är upp till henne när och om hon berättar något om vad som hände idag."

"Men de borde verkligen få veta. De är hennes föräldrar", förklarade Cheryl.

"Om det var jag skulle jag säga ja, men inte Miranda, hon skulle inte vilja att vi berättade för dem."

"Okej", sa Cheryl, erbjöd Terri en konjak och hällde upp en till sig själv.

"Djur som han borde vara i en zoo. Han är inte lämplig att vara ute i världen", sa Terri.

"Kastrering skulle vara för bra för honom."

På soffan hörde Miranda sina vänners kommentarer. Hon hoppades att allt hade varit en mardröm, men hennes kropp värkte och hon visste att det var verklighet. Hon försökte hårt att inte känna något.

Nåväl, bedövad var det sinnestillstånd hon hoppades på.

KAPITEL 9

" HEJ ROSA, ÄR HERR Travetti upptagen? Jag behöver verkligen prata med honom", sa Terri.

"Han pratar i telefon med Rom. Det borde inte ta lång tid. Varsågod och sitt."

"Tack Rosa."

"Herr Travetti, Terri vill träffa er."

"Skicka in henne." Han var glad, så glad, för hans son Amadeo skulle komma hem på semester. Amadeo drev företagets dotterbolag i Italien och hade inte varit hemma på nästan två år. Han lutade sig tillbaka i stolen och tände en cigarr. Han tog ett långt bloss. "Terri, hur mår min flitigaste anställd idag?"

"Jag mår mycket bra, tack, och du?"

"Jag är överlycklig! Min son kommer hem på semester. Jag kan knappt vänta med att berätta det för min fru och resten av familjen. Det är två år sedan han var hemma. Han leder vår verksamhet i Rom."

"Jag är så glad för dig och fru Travetti. Jag undrar, kan jag be om en tjänst?"

"Om jag kunde uppfylla en önskan för någon, skulle den gå till dig, Terri."

"Tack, sir. Jag skulle vilja ta en månad ledigt i december för att åka till Australien med mina vänner."

"Det är ordnat."

"Vill du att jag ska prata med bemanningsföretaget? Se om de kan hitta någon som kan ersätta mig?"

"Nej, Terri, det behövs inte. Min son kan hjälpa mig medan du är borta. Oroa dig inte, ha bara en underbar tid."

"Tack så mycket, jag måste tillbaka till arbetet."

Yahoo! Jag ska åka till Australien!

KAPITEL 10

IDEN GÅR VIDARE OCH Miranda går vidare. Livet är annorlunda för henne några månader senare. Det har skett en fantastisk förvandling.

Miranda ägnade sig till 100 % åt att undersöka sin resa. Hon blev medlem i biblioteket. Hon fördjupade sig i allt som hade med Australien att göra. Läroböcker, cd-skivor, filmer, dokumentärer och tidningar. Hon levde och andades Australien. Faktum är att det var det enda hon kunde prata om och det blev hennes livlina.

Hennes entusiasm var smittsam och hjälpte henne när hon gick på en anställningsintervju. Tjänsten var hos ett dotterbolag till Mr Travettis företag. Terri rekommenderade Miranda för jobbet, som krävde viss erfarenhet av sekreterar-/receptionistarbete.

Miranda var orolig för att hon inte hade de nödvändiga kvalifikationerna, men Mr Travetti och hennes nya chef Mr Mandelbaum trodde att hon hade mycket att erbjuda deras företag.

"Hennes entusiasm i sig gör att man vill anställa den här tjejen", sa Mr Mandelbaum.

"Men hon kan inte börja förrän i januari", påpekade Mr Travetti.

"Vi kan vänta, jag har en bra känsla om den här tjejen."

En semester i Australien. Ett nytt jobb. Livet var bättre än hon någonsin kunnat föreställa sig. Hon började leva hälsosamt och jogga. Hon började med yoga. Hon lärde sig simma.

Miranda Evans hade för första gången i sitt liv ett mål i livet.

KAPITEL II

OM TANKEN HAR SLAGIT dig och du är orolig för Miranda, var inte det. Hon gömde sig inte för sanningen. Faktum är att hon mötte den rakt på sak när hon berättade om rånet för sina föräldrar. Hon bestämde sig för att inte berätta om våldtäkten. Det skulle bara orsaka dem smärta.

Med tanke på att Miranda inte stod sina föräldrar nära, visade hennes avsikt att skydda dem från smärta en enorm utveckling. Tidigare skulle hon förmodligen ha njutit av den känslomässiga omvälvning hon kunde ha orsakat i deras liv. Hon skulle ha känt att det var dags för hämnd.

Miranda Evans föddes den 1 augusti 1977 på AP Hospital klockan 05:22. Hon vägde 3,2 kg. Hon var en envis bebis, två veckor över tiden, och Elizabeth och Tom Evans var mycket lättade och glada när hon äntligen gjorde sin entré.

Elizabeth och Tom var båda i slutet av fyrtioårsåldern och Miranda var ett oplanerat barn. De insåg snart hur mycket arbete det innebar att uppfostra ett barn och blev överväldigade.

När hon växte upp blev åldersskillnaden mellan Mirandas föräldrar och andra föräldrar tydlig när hon började skolan.

"Det är så trevligt att dina morföräldrar skjutsar dig till skolan", sa de andra barnen.

De skrattade när de fick veta sanningen och Miranda skämdes.

"Jag går hem varje dag med mina vänner", sa Miranda till sina föräldrar. Hon gick ofta hem ensam. De visste aldrig om det.

"Om du inte pratar om det, så har det aldrig hänt", sa Elizabeth och Tom Evans ofta.

"Men pappa, det hände", svarade Miranda.

"Strunta i det. Ignorera dem bara, så hittar de någon annan att mobba imorgon", svarade Elizabeth.

Men det gjorde de aldrig. Barnen gjorde som barn gör. De såg en känslig blomma. Någon som var annorlunda. Någon som visade sina känslor öppet. Och barnen var obarmhärtiga mobbare.

"Jag vill inte gå till skolan igen – aldrig mer!" sa Miranda till sin mamma en morgon.

"Vad är det?" frågade Elizabeth medan hon kammade sin dotters hår.

" Det är de andra barnen. De kallar mig kopparhuvud och de knuffar och slår mig. En tjej sa att hon skulle slå mig idag om jag inte gav henne en dollar.

"Ignorera henne bara, så går hon bort. Jag blev också mobbad när jag var i din ålder. Det gjorde mig till en starkare person."

"Men mamma!" utropade Miranda när hennes mamma knuffade ut henne genom ytterdörren och vinkade adjö.

Senare, vid middagsbordet, satte sig Miranda. Hon hade ett blått öga. Ingen av hennes föräldrar nämnde det. Hon såg att de tittade på henne. De ignorerade det. De fortsatte att äta. De skickade runt bröd, salt och peppar. De åt och ingen sa något.

Andra kvällar satt Mirandas föräldrar vid middagsbordet och pratade om oviktiga saker som vädret eller vad som var på tv.

Efter incidenten med det blå ögat insåg Miranda att det inte var någon mening med att visa känslor. Istället byggde hon en mur.

När hon blev äldre accepterade hon sina föräldrar som de var, eftersom hon inte visste hur annorlunda hennes relation till sina föräldrar var jämfört med andra tonåringar.

Sedan träffade hon Terri och Cheryl. Hon såg hur deras familjer förhöll sig till varandra. De hade roligt tillsammans. De respekterade varandra och hon ville ha mer. Hon ville att hennes familj skulle vara som andra familjer.

Mirandas föräldrar hade aldrig varit särskilt förtjust i henne, och på många sätt visste hon att hennes födelse hade varit ett misstag. Hennes föräldrar hade aldrig sagt det till henne, men hon visste att det var sant. Hennes föräldrar ville inte ha barn. Hennes mamma var i början av klimakteriet när hon blev gravid. De måste ha funderat på abort. Miranda kände till och accepterade alla dessa fakta. Hon accepterade också luckorna i sin barndom. Alla de år då hon inte kunde minnas någonting. Hennes vänner kunde berätta vad de gjorde på en viss dag vid en viss tidpunkt, eftersom deras föräldrar pratade om det. Miranda kände att hennes minnen hade raderats. Och så blev Mirandas vänner hennes familj, och deras familjer blev hennes familj.

En gång hade Miranda en galen plan. Hon tänkte att om hon förde samman sina vänners familjer med sina föräldrar, kanske de skulle inse hur annorlunda deras familj var och försöka förändra den. Elizabeth och Tom Evans gick hem direkt efter middagen. Miranda tänkte mer på sin mamma efter våldtäkten. Hon tänkte på hur det måste ha varit för hennes mamma att upptäcka att hon var gravid. Miranda tänkte på detta eftersom hon själv kunde ha blivit gravid. Skulle hon ha gjort abort? En fråga som hon aldrig skulle få svar på.

KAPITEL 12

IRANDA SPRANG UPPFÖR TRAPPAN till sin lägenhet. Hon upptäckte en lapp som satt fast på ytterdörren. Den var från hennes hyresvärdinna, fru Pierce. En vänlig påminnelse om att hennes hyra var försenad.

Miranda letade fram sitt checkhäfte ur skrivbordslådan och sprang tillbaka nerför trappan. Hon skulle betala sin hyra och passa på att föreslå en idé för fru Pierce.

"Hej, Mrs Pierce", sa Miranda. "Här är hyrechecken. Förlåt att den är försenad."

"Åh, jag förstår, kära du, du har haft mycket att göra på sistone."

"Det har jag verkligen."

"Du ser fantastisk ut, Miranda, du har förändrats, eller hur?"

"Världen gav mig citroner, så jag bakade citronpaj."

"Bra gjort, Miranda, bra gjort. Vill du komma in på en kopp te?"

"Ja, tack, om det inte är till besvär. Jag behöver fråga dig något ganska viktigt."

"Kom in, raring, sätt dig, jag sätter på vattenkokaren."

Miranda hade varit i Mrs Pierces lägenhet tidigare. Det luktade alltid lite unket, som en blandning av växter och talkpuder.

"Vill du ha en kaka eller två?"

"Du kan fresta mig med en, men säg inget till någon, okej? Jag försöker komma i form så att jag inte skrämmer alla när jag tar på mig baddräkten."

"Du har en jättefin figur. Vad var det du ville fråga mig?"

"Jag har en vän som är intresserad av att hyra min lägenhet medan jag är bortrest. Är det okej?"

"Vad heter hon?"

"Christina."

"Hur länge har du känt henne?"

"Vi har inte träffats – egentligen – hon är en vän till en vän till en vän. Hon har en dyr lägenhet i Toronto. Hon jobbar på The Largest Bookstore in the Universe. Hon har vänner här och behöver någonstans att bo under julen."

"Tja Miranda, om du ser till att hon känner till reglerna och vet var hon kan hitta mig om hon behöver mig, så är det okej för mig. Tack för att du frågade mig. Många skulle inte ha gjort det. "

"Tack, fru Pierce, jag tittar förbi när hon kommer och presenterar Christina för dig. Jag har njutit av teet och samtalet, men nu måste jag gå. Jag har fortfarande packning kvar."

"Vi ses i morgon. Då önskar jag dig bon voyage."

På vägen upp till sin lägenhet kände Miranda sig lite skyldig. Hon hade inte berättat allt för fru Pierce. Ursprungligen hade Christina tänkt bo på hotell. Miranda hörde sin väns vän förklara detta och övertygade henne att ge henne Christinas telefonnummer. Miranda ringde henne, presenterade sig och förklarade att hon skulle resa utomlands och att hennes lägenhet var tillgänglig för uthyrning under semestern. Det verkade vara en perfekt lösning för alla. Miranda tjänade till och med lite extra när hon tog 50 dollar extra per månad i hyra. Christina hade inget emot det – trots allt var hyrorna i Toronto mycket högre.

"Du kommer att ha alla bekvämligheter som hemma hos mig", sa Miranda. "Och du kan vattna mina växter också."

"Åh nej", sa Christina, "jag är inte bra på växter. Faktum är att jag dödar dem."

"Då kanske vi låter Mrs Pierce sköta växterna. Hon är min hyresvärdinna. Hon ser fram emot att träffa dig."

"Jag är nyfiken på att se om du ser ut som jag tror att du gör", sa Christina. "Du låter som en rödhårig."

"Hur visste du det? Har du en psykisk koppling eller något?"

"Nej. Kom ihåg att du är en vän till en vän till en vän – de nämnde ditt hår."

"Jag ser fram emot att träffa dig. Hej då."

KAPITEL 13

99 T<small>ERRI</small>", <small>SA</small> M<small>R</small> T<small>RAVETTI</small>. "Jag har samlat alla idag för att göra ett tillkännagivande. Har alla sina glas fyllda med champagne? Lyft då era glas tillsammans med mig och skåla för vår nya vice VD för redovisning, Miss Terri Russo!"

"Åh, herregud", sa Terri, "jag vet inte vad jag ska säga. Tack, Mr Travetti, tack så mycket."

"Tack, kära flicka. Du har dubbelt så mycket arbete med båda företagen och det är på tiden att din lön återspeglar det. Jag kommer inte att dela med mig av detaljerna om din löneökning här, om du inte vill det förstås?"

"Nej, jag tror att vi kan hålla detaljerna privata. Jag kan inte tro att du har gjort allt detta, festen, champagnen, för min skull."

"Vi ska försöka hålla ihop när du är borta, min kära. Nu, gå och ha en trevlig resa!"

"Bon voyage", ropade Terris kollegor. Sedan började alla sjunga: "För hon är en glad och trevlig person, för hon är en glad och trevlig person, för hon är en glad och trevlig person som ingen kan förneka."

Terri gick ut ur rummet, och de sjöng fortfarande när hon klev in i hissen. Hon kunde inte tro sin tur, vice VD för redovisning. Hon kunde knappt vänta med att berätta nyheten för sin familj och sina vänner.

KAPITEL 14

MIRANDA, TERRI OCH CHERYL var oerhört förväntansfulla inför resan och var på väg till flygplatsen i baksätet på Terris föräldrars kombi.

"Vad gör ni när ni kommer fram?" frågade Angelo.

"Vi åker direkt till hotellet, checkar in och ringer dig. Okej, pappa?"

"Okej, prata inte med främlingar."

"Alla kommer att vara främlingar i Australien", sa Maria. "Sluta oroa dig. Flickorna kommer att ha roligt och de kommer att vara försiktiga. Eller hur, flickor?"

"Ja", sa de och nickade med huvudet som tre hundfigurer.

"Mamma, pappa, tack för att ni skjutsade oss till flygplatsen. Vi ses efter nyår."

"Ja, tack herr och fru Russo", sa Miranda och Cheryl.

Angelo hade tårar i ögonen. Det hade Maria också.

"Var försiktiga, flickor", sa Angelo.

"Det ska vi, pappa, oroa dig inte."

De gick genom den elektroniska porten och Cheryl pipade.

En kvinna med en elektronisk stav riktade den mot henne. Hon stannade för att titta, men bestämde sig sedan för att låta henne gå igenom.

"Dina föräldrar är så gulliga, Terri. Man skulle kunna tro att de aldrig skulle få se dig igen eller något", sa Miranda.

"Ja, de är sällsynta pärlor", sa Terri. "Vi har lite tid att slå ihjäl. Vill du äta något? Jag har hört att maten på flygplan är hemsk.

"Titta, Swiss Chalet, vi kan lika gärna äta en utmärkt sista måltid på kanadensisk mark", sa Miranda.

"Swiss Chalet, här kommer vi!", utropade Terri.

"Jag ska bara ta lite soppa. Jag kan inte tro att flygplansmaten kan vara så dålig som folk säger", sa Cheryl.

"Det får vi snart reda på, men jag tar inga risker", sa Miranda. "Efter det här ska jag fylla på med skräpmat. Den här flygresan är alldeles för lång för att sitta fast utan mat!"

Handbagaget var fullt och överfyllt med romaner och alla tänkbara sorters skräpmat. De gick ombord på flyget, satte sig på sina platser och snart var planet i luften.

"Du vet", skrattade Terri. "Jag var tvungen att lova att ringa min pappa varje söndagskväll, oavsett vad som händer. Han har vår agenda och vet var vi kommer att befinna oss varje minut. Om jag inte ringer honom vid den överenskomna tiden kan du vara säker på att han ringer till den australiska polisen. Ärligt talat, han är så orolig!"

"Jag tycker att dina föräldrar är gulliga, Terri. De bryr sig verkligen om dig och är inte rädda för att visa det. Jag beundrar det", sa Miranda. Miranda tittade på molnen som flöt förbi medan hon tänkte på sina föräldrar. De visste att hon skulle åka och önskade henne en trevlig resa. De bad henne skicka ett vykort. Cheryls mamma ville också se flickorna åka, men alla kunde inte följa med. Janet var inte orolig för att flickorna skulle råka ut för något. Hon kände sig trygg eftersom Miranda var med dem. Miranda var ju mycket mer självständig än sina två vänner. Hon bodde själv och betalade sina egna utgifter.

Alla som någonsin har flugit till Australien vet att detta är en självklarhet, men flygturen var LÅNG. Flickorna var uppspelta över allt och njöt av små nyheter som jordnötter och apelsinjuice och att kunna handla taxfree ombord. Men efter tolv timmar, femton timmar osv. osv. förlorade nyheten sin glans.

Filmen var inte särskilt intressant för dem eftersom de hade sett den för flera veckor sedan. Miranda tog fram en kortlek och de började spela Hearts.

"Åh, här kommer maten. Låt oss se vad det är", sa Cheryl.

"Det luktar okej", sa Terri.

"Jag rör det inte", sa Miranda. "Gummiaktig kyckling har aldrig varit min favorit. Brödet ser ätbart ut. Titta, vårt första nyzeeländska smör och ost."

Under hela flygningen åt flickorna av sitt oändliga förråd av skräpmat och provade allt från ostbollar till Twizzlers, Mars-chokladkakor och Maynard's Wine Gums. När planet började sin nedstigning mot Sydney var deras förråd helt slut.

När de äntligen anlände till Sydney efter en nästan 24 timmar lång flygning, trängdes de för att få en glimt av Sydney Harbour Bridge och Sydney Opera House. Vattnet i Sydney Harbour glittrade.

"Vet du", sa Terri, "Nicole Kidman och Tom Cruises hus ligger någonstans här i närheten!"

"Tom bor inte där längre. Jag förstår inte hur Nicole kunde låta honom gå", sa Miranda.

"Jag är säker på att det finns mer än vi vet. Ingen lämnar ett äktenskap när det finns barn inblandade, om de inte har något val. Det tror jag verkligen", sa Cheryl när de klev av planet.

Så fort de klev ut möttes de av en fuktig och kvav luft som slog mot dem som en tegelvägg. Det var stekande varmt!

"Usch! Inser du att vi har haft samma kläder på oss i över 24 timmar? Jag tror vi borde hålla oss i medvind från alla andra", sa Miranda.

"Typisk min tur att jag träffar min drömman nu", sa Cheryl.

"Åh, jag är så glad att ingen möter oss på flygplatsen", sa Terri. "Det skulle vara så pinsamt."

"Min tur är att Tom Cruise står där ute", sa Miranda medan hon studerade skyltarna och försökte lista ut var de skulle gå för att gå igenom tullen och hämta sina väskor.

"Titta på de där tjejerna, de var med på vårt flyg, eller hur?", frågade Terri. "Men nu har de andra kläder på sig."

"De måste ha bytt om på toaletten på planet", sa Miranda.

"Den tanken slog mig inte!" sa Cheryl. "Toaletterna är inte tillräckligt stora för att svinga en katt i!"

"Tja," viskade Terri, "de är tillräckligt stora för att vissa människor ska kunna ha sex i dem. Jag läste det någonstans."

"Aldrig!" sa Cheryl. "Äckligt. Snacka om desperat!"

"För att byta ämne, men jag tror att vi kan behöva lite kontanter," sa Terri.

"Jag har ett par hundra kanadensiska dollar. Vi växlar dem till australiska. Det räcker tills vi kommer till en bank", sa Miranda.

"Bra idé, det får oss att klara oss", sa Cheryl.

Framme vid flygplatsen vinkade de in en taxi som tog dem till Sydney Hilton. Miranda fick duscha först, följd av Terri och sedan Cheryl.

"Vi kom precis i tid till lunchen, hur perfekt för oss att få vår allra första australiensiska måltid. Låt oss be mannen i receptionen att rekommendera något ställe åt oss", föreslog Terri.

"Vårt hotell erbjuder den finaste maten med traditionella australiensiska rätter och ett stort urval av internationella rätter", rådde conciergen.

"Tack", sa Terri. "Låt oss äta här så kan vi gå ut och utforska Sydney utan att behöva oroa oss för våra magar."

De satt i en restaurang med utsikt över Sydneys skyline.

"Kan jag hjälpa er med lite vin innan ni börjar äta?"

"Ja", sa Miranda. "Vi skulle vilja prova en flaska Cabernet Sauvignon, rekommendera gärna ett australiensiskt vin åt oss."

"Jag hör en accent, är ni amerikaner?"

"Nej, men du är nära", svarade Cheryl. "Vi är kanadensare."

"Åh, förlåt. Jag hoppas att jag inte förolämpade er."

"Nej, det är okej. De är våra grannar – det är ett faktum. Dessutom har vi vänner och släktingar i USA", sa Terri.

"Vi skulle också vilja prova några av era lokala rätter, vad rekommenderar du?"

"Om ni gillar kyckling, prova krokodil eller emu. Om ni gillar nötkött, rare, prova känguru. Om ni föredrar fisk, bläckfisk eller barramundi, är det utmärkta val. Hummer är också gott, vi gör en utmärkt hummer Mornay, men den är väldigt dyr."

"Vad är hummer Mornay?" frågade Cheryl.

"Det är hummer i en krämig sås. Mycket gott."

"Jag provar det", sa Cheryl.

"Jag vill ha barramundi", sa Terri.

"Jag gillar inte tanken på att äta emu eller känguru. Jag provar krokodil, tack."

Servitören föreslog en flaska Brown Brothers Cabernet Sauvignon, som Miranda provade.

"Den är underbar", sa hon.

"Du kan inte gå fel med Brown Brothers när du är här", sa servitören. "Er mat kommer strax."

"Jag kan inte tro att vi verkligen är här", sa Miranda och fick tårar i ögonen.

"Jag vet hur du känner dig, det har varit vårt mål så länge, och att faktiskt vara här, äta australisk mat, dricka australiskt vin, ja, det är ganska spännande", sa Cheryl.

"Men vi sparar desserten till senare", sa Terri. "Jag är ivrig att gå ut och se Sydneys liv och rörelse. Vi måste också skaffa en karta i receptionen ifall vi går vilse. Då kan vi ta oss till de närmaste sevärdheterna.

Maten kom och de tre vännerna satte igång att äta. Alla tre rätterna var saftiga och välsmakande.

"Jag läste en broschyr med tips för turister där det stod att man inte skulle ge dricks. Servitörerna får tillräckligt betalt här och skulle se det som en förolämpning. Men titta, det finns en dricksskål nära kassan. Ska vi eller ska vi inte? Jag vill inte förolämpa någon", sa Miranda.

"Jag tycker att vi ska göra det. Servitören var ju utmärkt", föreslog Cheryl.

Vid concierge-disken hämtade de en karta och insåg snart att de största turistattraktionerna, som Sydney Harbour Bridge, låg inom gångavstånd.

"Vi går till Circular Quay (uttalas KWAY), vilket konstigt namn. Sedan till Operahuset och vidare till Sydney Harbour Bridge", föreslog Terri.

"Jag tror det uttalas KEY", sa Miranda. "Ja, här är uttalet i den bok vi köpte om australisk terminologi."

"Åtminstone har det ett U i sig. Jag har aldrig kunnat förstå varför de stavar Qantas utan U", sa Cheryl.

"Det är ett mysterium, doo-do-doo-do doo-do doo-do", sa Terri.

"Titta, det här är Circular Quay och allt annat finns här. Hur coolt!" sa Terri.

"Titta, stjärnor längs stigen för olika författare som har varit här. Mark Twain gick längs samma stig som jag går på", sa Miranda.

"Wow, titta på alla färjor, vi måste åka båt", sa Cheryl.

"Först och främst, låt oss titta närmare på Sydney Opera House och se om vi kan få en rundtur inne", sa Terri. "Det ser fantastiskt ut, som molnformationer."

De gick längs stranden och upp till Royal Botanical Gardens, sedan över genom The Rocks-området och till Sydney Harbour Bridge. De bokade en Sydney Harbour Bridge Climb om två dagar och tog sedan en taxi tillbaka till hotellet. De var utmattade.

KAPITEL 15

" Herregud!" utropade Miranda. "Vi har sovit bort hela dagen! Titta, det börjar redan bli mörkt. Väck Terri, väck Cheryl!"

"Vad är det?" frågade Terri.

"Vad är det? Vi har sovit och nu har vi förlorat en hel dag i Sydney."

"Det är inte möjligt", sa Cheryl.

"Titta på bevisen. Det var nästan midnatt när vi gick och la oss och nu visar klockan 17.00. Vi hinner precis till middagen!"

"Jag tror att vi borde ordna med en daglig väckning", föreslog Terri.

"Vi har fortfarande kvällen kvar. Vi kan lika gärna göra det bästa av den. Upp och hoppa, allihopa!"

KAPITEL 16

,, KAN DU BERÄTTA VAR närmaste bank ligger?" frågade Terri conciergen. "Vi behöver växla in några resecheckar."

"Närmaste bank ligger bara några kvarter bort, men jag är rädd att den är stängd."

"Okej, då tar vi vilken bank som helst – även om vi måste ta en taxi", sa Miranda.

"Jag är rädd att alla banker är stängda. Vissa stänger klockan 17.00 och andra klockan 16.30, men ingen har öppet efter det – förutom Eftpos."

"Eftpos, det är som vårt Interac", sa Miranda. "Tur att vi har kreditkort, tjejer."

"Jag kan hjälpa er att lösa in några av era resecheckar här på hotellet i nödfall. Vi har redan kontrollerat era pass som identitetshandlingar."

"Ja, jag tycker att det här är ett nödläge. Det vore jättebra om du kunde hjälpa oss", sa Cheryl.

"Följ med mig."

Conciergen gick in i bankrummet och kom tillbaka med en man som såg officiell ut, hotellchefen. Han var glad att kunna hjälpa dem.

Äntligen hade de pengar i fickorna och var redo att ge sig ut och se sig om i Sydney. Återigen slog fuktigheten dem som en smäll i ansiktet.

"Jag ville inte säga det där borta, men det här ser verkligen ut som falska pengar", sa Terri.

"Jag tycker att det ser vackert ut", medgav Cheryl, "men det känns konstigt."

"Det är plast", sa Miranda, efter att ha bläddrat igenom broschyren.

"Det är det inte", sa Terri. "Du driver med oss."

"Nej, det gör jag inte. Här står det att 1996 använde alla australier plastpengar. De har en skyddande beläggning så att de inte absorberar fukt, och en sedel håller i upp till fyrtio månader jämfört med en pappersedel som bara håller i cirka sex månader", läste Miranda. "Wow, vilken häftig australisk uppfinning."

"Titta, man kan inte riva sönder den", sa Terri.

"Jag gillar våra kanadensiska pengar, men det här skulle verkligen spara på träden. Jag tycker att vi ska ta med några sedlar hem och skicka dem till premiärminister Chretien", föreslog Miranda.

"Vi måste komma ihåg, tjejer, att deras moms redan är inkluderad i priset. Vi behöver inte räkna ut det själva som vi gör hemma", sa Terri.

"Det finns så mycket vi måste lära oss. Är det inte spännande! Och här är något annat. Visste ni att det inte finns några pennies här?"

"Verkligen, hur fungerar det?" frågade Cheryl.

"Allt du köper avrundas uppåt eller nedåt", sa Terri.

"Så om kassan visar 1,99 dollar måste jag betala 2,00 dollar?" frågade Cheryl.

"Ja, jag tycker det är coolt, och jag slår vad om att det jämnar ut sig i slutändan", sa Miranda. "Jag är utsvulten! Vi kan väl äta något på den första restaurangen eller kaféet vi ser."

"Det finns ett precis nedför gatan. Vi går över", sa Cheryl.

"De serverar bara kakor och kaffe, men det är okej. Det kan vara vårt mellanmål tills vi hittar något annat. Är alla okej med det?" frågade Terri.

"Skulle någon av oss tacka nej till möjligheten att prova australiska desserter? Aldrig", sa Miranda. "Jag vill ha en kaffe."

"Vilken sort?" frågade mannen bakom disken.

"Vanlig", sa Miranda.

"Vill ni ha café latte, cappuccino, skinny latte, skinny cappuccino eller kaffe med helmjölk?"

"Det här är för komplicerat", sa Miranda. "Jag tar en cappuccino och en bit aprikosbakelse, tack."

"Jag provar café latte", sa Terri. "Med en bit cheesecake."

"Vill ni ha grädde eller glass till det?"

"Ingetdera", sa Terri.

'Okej', sa mannen.

"Jag tar en iskaffe med en lamington, tack", sa Terri.

De ombads att betala direkt och fick sedan ett nummer på en lapp så att servitrisen kunde hitta dem. "Oj, den här växel är verkligen tung", sa Cheryl. Hon hade fått tillbaka alla mynt från de andra. "Låt mig se", sa Terri. "Åh, titta på alla söta små djur." "Du har rätt Terri, de är verkligen söta", sa Cheryl, "men du vill väl inte ha för många av dessa mynt som skramlar i dina fickor? Det skulle inte krävas så många för att slita sönder din pengabälte."

Snart var klockan 20.

"Vi beställer rumsservice", sa Terri. "Mina fötter värker och jag är trött på att gå runt."

"Först måste vi gå tillbaka till hotellet", sa Miranda. "Om vi ser något vi gillar på vägen kan vi gå dit, annars är rumsservice helt okej för mig."

"Åh, herregud, vad är det här på min cheeseburger?", ropade Cheryl.

"De har lagt ett ägg på den, och rödbetor, usch", sade Miranda medlidsamt. "Jag är verkligen glad att jag inte beställde en sådan. Jag antar att det är det de menar med "the works".

Cheryl öppnade brödet och började ta isär sin burgare. "Pommes fritesen är dock riktigt goda; de smakar av någon anledning som kyckling."

"Det måste vara det orangea de har lagt på dem", sa Miranda, medan hon lyfte locket och avslöjade sin Caesarsallad. "Herregud, vad är det här?" Hela ansjovisar var utspridda över salladen. Ett ägg, nästan hårdkokt, låg som gelé på toppen av salladen. Det var fortfarande varmt.

"Jag vågar inte lyfta locket på min nu", sa Terri. "Men jag beställde en clubsandwich. De kan väl inte ha gjort fel med en clubsandwich?" Hon lyfte locket. Tomaterna och salladen var rätt. Istället för kalkon var det en hel kycklingbröstfilé. Istället för bacon var det en skiva skinka.

"Om vi alla gör som kirurger och tar bort de dåliga bitarna, så blir det bra. Dessutom är det inte långt kvar till frukost", föreslog Miranda.

De ringde conciergen som ordnade en väckning klockan 7 på morgonen. De ställde in sin väckarklocka på 7:30, för säkerhets skull.

De tre vännerna somnade med magarna kurrande. Kanske drömde de alla om samma sak: frukost.

KAPITEL 17

DE VAR UTVILADE NÄSTA morgon, men utsvultna. De åt i hotellets restaurang och begav sig sedan till Sydney Harbour Bridge. Klättringen började klockan 9 och de behövde vara där klockan 8:45 för att börja förbereda sig. "Klättringen tar 3 timmar", sa mannen som gav dem biljetterna. De tre vännerna tittade på varandra. De hade inte förväntat sig att det skulle bli en så lång klättring.

De gick vidare till en väntsal för att invänta kallelsen till sin klättringstid. En galen sprint till toaletten och en snabb klunk av en energidryck fick dem tillbaka till väntsalen precis i rättan tid.

De fick blåsa i en alkomätare och skrev sedan under en hälsodeklaration. Därefter undertecknade de ett försäkringsformulär. Sedan fick de rymddräkter som liknade de som astronauterna bär i NASA. De valde hattar och armband.

Sedan började det tekniska. De fick möjlighet att testa en kopplingsanordning som skulle hålla dem fastsatta vid bron och vid sin klättergrupp.

Cheryl, som inte var särskilt förtjust i höjder, kände sig lite illamående när de skulle prova att klättra upp och ner för en stege. Hon klarade sig bra på vägen upp, men när hon skulle klättra ner baklänges var hon nära att ge upp.

"Jag tror inte att jag klarar det här", sa Cheryl.

"Kom igen Cheryl, du klarar det. Kom ihåg: De tre musketörerna! Vi kan göra vad som helst!", sa Miranda.

"Nästan vad som helst. Men inte det här."

"Kom igen Cheryl, när du väl är där ute och ser utsikten kommer du att må bra. Du är helt säker", förklarade Terri.

"Vad är det?", frågade den ansvarige.

"Jag tror inte att jag klarar det här", sa Cheryl.

"Kom fram till mig, håll dig nära mig, jag hjälper dig", sa guiden. "En annan sak att tänka på: det finns ingen återbetalning. Du skulle förlora dina pengar. Du har kommit så här långt, du klarar det!"

De delades in i en grupp med fem andra personer. De stod tillsammans och berättade för varandra var de kom ifrån och varför de gjorde klättringen. Det var ett par från England som hade drömt om att klättra på Sydney Harbour Bridge i flera år, ett äldre par från Queensland som alltid hade velat göra det, en femtonårig tjej från Sydney som hade gjort det tidigare och tyckte att upplevelsen var så fantastisk att hon ville göra det igen, och sedan Miranda, Cheryl och Terri. Hon var i mitten av tjugoårsåldern och hade smeknamnet Mac. Hon förklarade hur de skulle hjälpa personen framför dem att få sina radioapparater att fungera, och snart var de på väg. Mac såg till att Cheryl var längst fram, medan det äldre paret följde efter, sedan kom Terri och Miranda, paret från London och till sist tonårsflickan. Deras öden var alla sammanlänkade.

Cheryl koncentrerade sig så att hon inte skulle frestas att titta ner. Under tiden tittade Terri och Miranda noga på bilarna som susade förbi under dem, följda av tågen. Vattnet dansade och glittrade i de starka solstrålarna. Medan de trevade sig fram längs den enorma metallkonstruktionen kunde de nu se Sydney Opera House. Det såg så litet ut.

Mac talade i mikrofonen och berättade för sitt team om Sydneys historia och sevärdheter. Hennes röst höll Cheryl fokuserad.

När de närmade sig flaggorna som väntade på dem högst upp på bron, drog alla en suck av beundran över den spektakulära utsikten. Mac tog foton, och de tre vännerna var så synkroniserade att de började sjunga med i refrängen till Celine Dions låt.

"Jag är världens drottning", ropade Miranda.

Nedstigningen visade sig vara mycket lättare. Utsikten från andra sidan bron visade Blue Mountains i fjärran.

Cheryls knän skakade så mycket att hon var rädd att tappa fotfästet. Hon började hyperventilera och Mac agerade snabbt, erbjöd henne vatten och klappade henne på handryggen.

"Koncentrera dig", sa Mac, "Räkna stegpinnarna på stegen och räkna högt medan du klättrar ner. Jag väntar på dig längst ner."

"Jag kan inte."

"Jo, det kan du."

"Vill du att jag går först?" erbjöd Miranda.

Cheryl nickade och de bytte plats.

"Vi ses om en minut, Cher, du klarar det!" sa Miranda.

Miranda visste att det var Cheryls pappas smeknamn för henne. Det chockade henne till handling och snart väntade Cheryl och Miranda på första våningen på att Terri skulle komma efter.

Väl inne igen jublade de över att ha klättrat hela vägen upp till toppen av Sydney Harbour Bridge. De lade tillbaka utrustningen, tvättade händerna och bytte sedan om till sina egna kläder. Vid det laget var deras certifikat, som bevisade att de hade klarat broklättringen, klart.

När de gick ut i The Rocks-området insåg de att klockan var över två och letade efter något att äta. De hittade en söt liten pub som hette The Lord Nelson. De var mycket törstiga och bestämde sig för att prova en lokal öl och beställde tre pint Foster's Lager. Hur mycket mer australiensiskt kan man bli än så? Efter att noggrant ha studerat menyn bestämde de sig för något traditionellt, nämligen en australisk köttpaj med pommes frites och sallad.

"Tja", sa Cheryl, "vi lockar verkligen inte några av de australiska snyggingar som vi ser överallt omkring oss just nu. Tror du att vi ser för kanadensiska ut? För turistiga?"

Miranda och Terri hade undrat samma sak. De kom överens om att en av dem skulle fråga någon. De beställde en omgång till med lageröl i hopp om att det skulle ge dem mod att fråga någon.

"Ursäkta, men vi undrade bara. Ser vi ut som turister? Kan du se det?"

De började skratta, först mannen och sedan de två kvinnorna. De var också nordamerikaner.

"Vi har varit i Australien i över två veckor", sa mannen. "Jag heter Robert och det här är mina två vänner Linda och Evie."

"Jag kan inte tro det", sa Terri, "av alla människor vi valde att fråga."

"Ärligt talat", sa Robert. "Ni borde skaffa er lite utrustning och åka till Bondi Beach. När ni väl är i solen, sanden och vågorna ser alla likadana ut."

"Förutom att vi är vita som lakan", sa Miranda.

"Sant, sant, men ni kommer att få färg ganska snabbt", sa Evie, "men gör inte samma misstag som vi gjorde. Om ni bär era badkläder från hemma kommer ni att sticka ut som en öm tumme."

"Vi hade tänkt köpa badkläder här", sa Terri.

"Tja, ni kan inte komma till New South Wales utan att se Bondi. Var ska de köpa badkläder, tjejer?" frågade Robert.

"Gå till David Jones, de har ett utmärkt utbud", sa Linda. "Här, jag ritar en karta åt er."

"Har ni tjejer något för er på lördag kväll?", frågade Robert, och de skakade alla på huvudet. "Följ med oss då, vi är inbjudna till en BYO-fest (bring your own alcohol)."

"Ja, här är vårt telefonnummer. Ring oss om ni vill följa med. Vi kan hämta er på vägen. Det kommer att bli jättekul", sa Linda.

"Tja, det var trevligt att träffa er alla. Njut av resten av resan och hoppas vi ses igen", sa Robert.

"Åh, och förresten", sa Evie, "låt inte australierna övertala er att prova Vegemite, för det är äckligt!"

"Verkligen?" frågade Miranda. "Jag har alltid velat prova det."

"Hej då och tack", sa Cheryl och de följde snabbt kartan på väg till David Jones. De besökte många butiker i The Rocks. En hette The Mad Hatter, det perfekta stället att köpa solskyddande hattar. De upptäckte att butikerna var öppna på torsdagskvällen till klockan 21. Eftersom det var torsdag hade de flera timmar på sig att shoppa och njuta.

Nästa dag tog de färjan och åkte till Darling Harbour. Paddy's Market var fortfarande öppen och fullpackad, så de tog sig igenom där och kom ut med flera påsar fulla med souvenirer och t-shirts. Terri hittade det perfekta stället att köpa en didgeridoo till sin pappa, men bestämde sig för att vänta med att köpa den tills de återvände till Sydney i slutet av resan, så att hon inte behövde släpa runt på den.

Till middag åt de i Darling Harbour, på en restaurang som heter The Fish House. De promenerade genom Chinatown och gick sedan till David Jones för att prova några baddräkter. Det var lite traumatiskt att prova dem eftersom de var så bleka, men de hoppades att de skulle smälta in när de kom till stranden. "Hej", sa Miranda. "Vi måste se upp för dödliga maneter och dödliga hajar i vattnet, står det här. Herregud, om en manet kommer i närheten av mig kommer jag själv att förvandlas till gelé och ni kommer att få bära mig hem i en låda."

Cheryl och Terri skrattade och undrade i hemlighet hur vanliga maneterna var. De sköt bort rädslan ur sina tankar när de gick tillbaka till hotellrummet.

Även om det bara var fredag bestämde Terri sig för att ringa sin pappa, eftersom hon tänkte att om hon ringde honom ikväll skulle hon slippa oroa sig för att ringa honom igen på söndag. Han blev otroligt glad att höra hennes röst, men blev snabbt upprörd när han insåg att hon ringde en kväll som de inte hade kommit överens om. Terri förklarade att allt var bra. De hade det fantastiskt och berättade om klättringen på Sydney Harbour Bridge. Så fort hon sagt det önskade Terri att hon kunde ta tillbaka orden, för hon visste att hennes pappa skulle tycka att de var galna som klättrade upp dit. Till hennes förvåning var han inte arg över det, utan sa faktiskt att han ville se fotografierna som bevis på att de hade klättrat. Terri sa att hon inte bara hade fotografier, utan också ett certifikat som bevis.

"Jag älskar dig, Teresa."

"Jag älskar dig också, pappa."

Nästa dag var planen att åka till Bondi Beach.

"Visste du att Australien har den högsta förekomsten av hudcancer i världen?", sa Cheryl.

"Tja", sa Miranda, "om jag ska dö, föredrar jag något som går lite snabbare än melanom, till exempel att bli stucken av en manet eller uppäten av en haj."

Terri kastade en kudde på Miranda, och Cheryl gjorde samma sak.

Vad hade de gett sig in på?

KAPITEL 18

FTER EN TÅGRESA OCH sedan en bussresa kom de fram till Bondi Beach. Från toppen av kullen såg det fantastiskt ut. De gick in i strandhuset, bytte om till sina nya badkläder och hittade en plats nära havet.

De markerade sin plats i sanden och sprang sedan raka vägen mot vattnet. De sprang mot det som barn som hade varit instängda i ett hus i flera dagar. Sanden brände deras fotsulor och solen gassade på dem. Vågorna kysste stranden.

"Usch, det är jävligt kallt, tjejer", sa Miranda.

Terri tyckte att Miranda bara var en mes och fortsatte att vada lite djupare. En våg slog mot hennes knän.

"Usch!" skrek Terri, "Du skojar inte!"

Miranda tittade på Cheryl. Cheryl tittade på Terri. Terri tittade på Miranda.

"SKIT!" skrek de medan de sprang och dök i vattnet. De kände sig som Robert Redford och Paul Newman när de hoppade från klippan i Butch Cassidy and the Sundance Kid.

"Jag håller utkik efter dödliga tentakler", sa Cheryl. Miranda och Terri brast ut i skratt.

"Tror du att de skulle komma fram och be om din tillåtelse eller något?" frågade Miranda.

"Ja, mamma, får jag sticka dig?" sa Terri.

"Okej, okej, ni två. Ni känner mig och mina fobier", sa Cheryl. Hon simmade tillbaka mot stranden.

"Kom tillbaka!" bad Miranda. "Vi skojade bara."

Cheryl vände sig om och gav sina två vänner den största raspberry hon kunde uppbåda. De återgäldade tjänsten och följde sedan efter henne till stranden. En liten kille som tittade på skulle fördriva tiden och var länge försenad.

De satte på sig sina mörka solglasögon och gömde sig bakom sina romaner. Ibland sänkte de romanerna synkroniserat när en söt kille gick förbi. De bläddrade sida efter sida och insåg att inga killar verkade vara på väg i deras riktning.

"Jag tror vi valde fel plats", sa Cheryl, när hon vände sig om precis i tid för att se en grupp killar springa mot sina surfbrädor. "Titta här!"

Miranda och Terri satte sig upp och såg nitton små rumpor springa mot vågen.

"Det är inte konstigt, vi tittar åt fel håll!" sa Terri.

"Surfing är så häftigt", sa Miranda. "Om jag kunde simma bra skulle jag vara där ute på en gång."

"Inte jag", sa Cheryl. "Aldrig i livet. Inte med alla de där livsfarliga sakerna i vattnet."

"Vill någon ha en Bacardi?", frågade Terri när hon öppnade kylboxen och öppnade en flaska.

"Är du säker på att det är okej att dricka på stranden?" frågade Cheryl.

"Robert, killen vi träffade på puben sa att det var helt lagligt här. Titta där, de där killarna går omkring med ölflaskor i handen. Ser du?" sa Miranda och pekade på två unga män som knappt var gamla nog att köpa alkohol.

"Men hur är det med krossat glas? Jag undrar om det är ett problem?" frågade Cheryl.

"Det finns massor av papperskorgar överallt – oroa dig inte, Cheryl. Jag är säker på att det är okej", sa Miranda.

"De kanske tar med sig sitt skräp hem, precis som på tågen", föreslog Terri.

"Titta, titta!" sa Miranda när tre unga killar närmade sig. De lade sig bredvid de tre vännerna.

Killarna försökte se coola och ointresserade ut genom att prata med varandra.

Miranda märkte att en av dem tittade över och kollade in dem.

"Var det något vi sa?" sa Miranda när killarna plockade upp sina handdukar och gick vidare.

"I den här takten kommer vi aldrig att träffa några australiensiska män", sa Cheryl.

"Kanske förväntar de sig att kvinnorna ska ta första steget här?" sa Terri.

"Tja, vem fan vet? Vi vill inte verka lättfotade. Eller hur?"

frågade Miranda.

De var överens om att vänta var det bästa botemedlet. De hade ju trots allt bara varit i Australien i några dagar, och de tänkte inte låta möten med män stå i vägen för att ha roligt. Dessutom var de på Bondi Beach, tre singel, attraktiva tjejer, på semester, njöt av livet och kollade in varorna. Det var ingen brådska.

Klockan 15.00 blev det så varmt att de bestämde sig för att avsluta dagen.

"Jag är nog röd som en hummer", sa Miranda.

"Jag känner mig äcklig med all solkräm på huden", sa Cheryl. "Det får mig att känna mig slemmig och jag hatar att sanden fastnar på den."

"Jag har väl tur", sa Terri. "Jag bränner mig inte. Det är mitt italienska påbrå – mina släktingar bodde på Sicilien."

Miranda oroade sig i hemlighet för att träffa män. Hon hade grubblat och undrat vad hon skulle göra om hon träffade någon. Skulle hon berätta om övergreppet? Skulle hon känna behov av att berätta allt? Och om hon gjorde det, skulle han avsky henne eller älska henne ännu mer?

Miranda hade haft några mardrömmar sedan hon kom till Sydney. Mardrömmarna handlade om att förlora kontrollen, att den togs ifrån henne, att hon förlorade sig själv i någon annans makt. Överfallet lekte med hennes undermedvetna.

Miranda sköt dessa tankar åt sidan och delade dem inte med sina vänner. Hon ville inte göra dem ledsna, inte under denna once in a lifetime-semester. Cheryl och Terri var på samma våglängd och oroade sig för Miranda. Hon hade inte varit på en enda dejt sedan det hände. Hon hade inte ens varit ensam med en kille. De ville skydda henne. Cheryl och Terri bestämde att om en eller båda träffade en kille skulle de jobba som ett tagteam. Och om dagen kom då Miranda litade på mannen tillräckligt för att be dem dra åt helvete – då skulle de dra sig tillbaka. När Miranda var redo skulle hon ta kontrollen.

KAPITEL 19

RECIS KLOCKAN 9 RINGDE väckarklockan och Miranda sträckte sig över och stängde av den. En sekund senare ringde telefonen och receptionen ringde för att bekräfta sin väckningssamtal. Miranda gnuggade sömnen ur ögonen och tittade ner och märkte att den röda meddelandeknappen blinkade intensivt. Hon ringde receptionen. Det var ett brådskande meddelande till Terri.

"Väck Terri. Du har ett brådskande meddelande. Du måste ringa hem omedelbart."

"Åh nej, något hemskt måste ha hänt!" Terris fingrar darrade när hon tryckte på siffrorna på telefonen. Hennes föräldrar skulle inte ha ringt henne mitt i natten om alla var okej hemma. Kanske hade de fel på tiden? I andra änden ringde telefonen en gång, två gånger och vid tredje ringsignalen svarade någon. Miranda och Cheryl väntade med spänning.

"Ja, pappa, jag förstår. Christina. Ja. Herregud, jag kan inte tro det. Det är som något ur en film."

"Vad, vad???" frågade Miranda och Cheryl.

"Jag berättar om en minut, okej pappa, vad är numret? Ja, jag ska säga till henne. Tack för att du berättade det." Hon lade på luren. "Miranda, det finns inget lätt sätt att säga det här, så jag säger det bara rakt ut. Christina är död. Hon hoppade, föll eller blev knuffad från balkongen. Ingen vet säkert. Kriminalteknikerna letar efter bevis. De letar efter ett motiv."

"Men hur? Det är ju helt orimligt", sa Miranda.

"Tydligen hörde mrs Pierce ett skrik och sprang upp till din lägenhet. Din dörr stod vidöppen och det kom inga fler skrik efter det första. Hon gick in och fann lägenheten tom. Allt verkade vara i ordning. Då märkte hon att det drog och såg gardinerna fladdra. Hon fann altandörrarna öppna. En iskall vind blåste igenom. Hon var klädd i pyjamas, men något sa henne att gå ut på balkongen. Det var helt tyst eftersom klockan bara var 3 på morgonen. Hon tittade ner och såg Christina ligga utsträckt på marken med sin nattklänning fladdrande omkring henne som vita vingar."

"Herregud!" utropade Cheryl.

Hon använde Mirandas telefon och ringde 112. På väg nerför trappan tog hon en filt från soffan och gick sedan fram till Christina. Christina andades fortfarande vid det tillfället. Mrs Pierce smekte hennes rygg och sa åt henne att hålla ut, att allt skulle bli bra. Christina verkade försöka säga något. Först försökte

Mrs Pierce lugna henne, men det gjorde flickan ännu mer upprörd.

"Varför? Varför jag? Varför?" var Christinas sista ord. Det verkade ta en evighet innan polisen och ambulansen kom. Mrs Pierce skakade så mycket att hon var rädd för att få hypotermi, men hon ville inte flytta Christina och hon ville inte lämna henne ensam ute – även om hon hade gått bort från denna värld till himlen.

Polisen förhörde Mrs Pierce och insåg snart att lägenheten var en andrahandslägenhet. Mrs Pierce gav dem Mirandas namn och berättade var hon befann sig och när hon skulle återvända till Kanada.

Sargent Jim Miller anlände till platsen lite senare och kände igen Mirandas namn på papperen.

Polisen kontaktade Christinas anhöriga och ordnade så att hennes kropp skulle flygas hem till Toronto så snart som möjligt efter att rättsmedicinska undersökningar hade avslutats.

"Det är hela historien", sa Terri. "Det är som en film."

"Herregud, herregud", sa Miranda upprepade gånger, hysteriskt.

"Sergeant Miller, minns du honom, Miranda?", frågade Terri.

"Ja, det gör jag. Tror han att mannen som våldtog mig och mördaren kan vara samma person?"

"Han letar efter bevis."

Miranda kunde bara gråta. Han hade gjort det igen, det där odjuret hade gjort det igen och den här gången hade han dödat någon. Varför? För pengarnas skull? Miranda visste att hon aldrig skulle kunna återvända hem igen. Aldrig bo i sin lägenhet igen, allt - hela hennes liv var förorenat.

"Men Miranda, de har inte uteslutit självmord", sa Terri. "Inte helt. Det kanske inte har något med honom att göra."

"Men varför skulle Christina hyra min lägenhet, komma till AP, där hon ville vara nära sina vänner under semestern - och sedan hoppa från min balkong? Det är helt obegripligt."

"Men å andra sidan", sa Cheryl. "Vissa människor gör galna saker, särskilt under julen."

Jag undrar om mina föräldrar vet. tänkte Miranda. Om de vet, varför ringde de inte mig? De kunde nog inte lista ut landskoden om deras liv hängde på det.

KAPITEL 20

M IRANDA SLOG NUMRET TILL AP-polisen.

"Sergeant Jim Miller, tack."

"Vem är det?"

"Det är Miranda, Miranda Evans."

"Ett ögonblick, tack."

"Ms Evans? Sergeant Jim Miller här, hur mår du?"

"Jag är rädd för det som har hänt i min lägenhet."

"Var flickan deprimerad eller något när du träffade henne?"

"Nej, inte alls. Hon var väldigt glad över att vara i AP under semestern."

"Tack, det var allt jag ville veta just nu. Njut av semestern och ring mig när du kommer hem. Då kan vi gå igenom allt. Vi vet hur vi kan kontakta dig om det behövs. Under tiden behöver du inte oroa dig."

"Tack, sergeant Miller."

Det var vad hon sa högt, men i sitt huvud tänkte hon: Han hotade mig! Han sa att om jag berättade för polisen skulle han döda alla jag älskar, och sedan skulle han mörda mig. Men varför skulle han attackera Christina? Det fanns ingen anledning. Christina var ett offer för omständigheterna.

"Vi kommer att undersöka din lägenhet efter bevis och göra en lista över dess innehåll. När du kommer tillbaka kan du kontrollera den för att se till att ingenting saknas. Du kan vidarebefordra informationen till ditt försäkringsbolag. Tack för att du ringde."

Varför skulle någon gå in i min lägenhet? Om de inte ville stjäla något. Inte för att jag har så mycket lyx att erbjuda.

"Sargent Miller, var det inbrott?"

"Nej, men balkongen kan ha varit olåst. Kanske var det så inkräktaren kom in, om det var någon. Eller så kan Christina ha hoppat. Det fanns inga tecken på strid, även om hyresvärdinnan svär på att hon hörde ett högt, blodisande skrik."

Efter att Miranda hade lagt på satt de tre flickorna på sina sängar, förvirrade av morgonens nyheter. Miranda kände sig skyldig, som om hon hade varit orsaken till någon annans död.

Cheryl ringde ner och bad om rumsservice. Efter förra gången visste hon vad hon inte skulle beställa. Istället bad hon om lite soppa. De behövde äta. De behövde hålla sig starka, trots allt hade de betalat mycket pengar för att få göra denna once in a lifetime-resa och det fanns inget de kunde göra för att hjälpa till eftersom de befann sig på andra sidan jorden.

Terri zappade mellan de australiska tv-kanalerna. "Precis som hemma", sa hon, "inget att titta på."

"Låt oss tillbringa dagen nära hotellet", sa Miranda.

"Gör det något?"

"Vi kan använda poolen, träna lite och ta det lugnt idag", sa Cheryl.

"Och komma tillbaka på rätt spår inför imorgon", sa Terri.

Just då kom Miranda ihåg att hon hade lämnat en kopia av deras agenda i sin lägenhet till Christina på bordet bredvid telefonen.

Börjar jag bli paranoid? Men tänk om? Tänk om han ville hitta mig – och hittade henne istället? Tänk om han dödade henne istället för mig? Och nu har han min agenda. Våra agendor. Jag kan inte berätta för Terri och Cheryl. Det vore ju meningslöst att ha tre paranoida musketörer som strövar omkring i Outback, eller hur? Om något händer måste jag berätta för dem. För tillfället hoppas jag att de två händelserna är helt oberoende av varandra.

KAPITEL 21

N ÄSTA MORGON VAKNADE DE tre vännerna och packade sina väskor för två nätter i Blue Mountains. De drack en snabb kopp kaffe på hotellet, steg sedan på tåget vid Wynyard Station, bytte vid Central Station – och snart var de på väg. Tåget var lyxigt och de hade en kupé för sig själva. Deras destination var Katoomba, en liten stad hundra kilometer från Central Station.

"Oj, den här boken säger att Katoomba ligger 3336 fot – nästan 1000 meter över havet", sa Miranda.

"Vad står det mer?", frågade Terri.

"Det står att vi måste ta oss till Echo Point. Där kan vi se The Three Sisters eftersom de ligger bara hundra meter från varandra. Jag antar att vi kan gå dit från tågstationen. Det är bara trettio minuter bort. Vi kan äta en snabb frukost först och sedan kolla in sevärdheterna."

"Låter som en bra plan", sa Cheryl.

Cheryl stirrade ut genom fönstret, försjunken i sina tankar. Hon ville inte vara den som tog upp Christinas död. Hon betraktade det varierande landskapet, träden som fortfarande bar spår av buskbränderna, och njöt av utsikten.

Terri plockade upp ett exemplar av den australiska versionen av Soap Opera Digest. Hon bläddrade igenom sidorna. "Det här är jätteroligt, tjejer! Ni kommer inte att tro era ögon!" sa Terri. "Titta här, skådespelarna i The Young and the Restless – den här killen har varit död i över två år! Den här tjejen är inte ens med i serien längre! Wow, de ligger verkligen långt efter!"

"Tja, jag antar att Y & R och dagtidsserier i allmänhet inte är en så stor marknad här som i Nordamerika. Jag menar, om australierna var intresserade av Y & R skulle de säkert kunna ta reda på allt på några sekunder genom att prata med sina nordamerikanska familjer och vänner", sa Cheryl.

"Men de vet inte att de ligger långt efter", sa Terri.

"Hej, det vore ju något. Läcka ut det, så att alla känner till handlingen i förväg! Ingen skulle bry sig om att titta på Y & R igen – förrän de kom ikapp resten av världen, förstås", sa Miranda.

"Tänk på alla reklamintäkter som TV-kanalerna skulle förlora! De skulle bli extremt berusade. Men det är tittarna som borde vara irriterade. Med dagens satelliter finns det ingen anledning att programmen ska ligga så långt efter. Jag förstår det bara inte", sa Terri.

"Jag antar att såpoperor är eviga", sa Cheryl. "Och kanske med allt det fina vädret de har här föredrar de att vara ute istället för att titta på TV."

"Jag slår vad om att det handlar om pengar", sa Miranda. "TV-stationerna är bara snåla, och eftersom ingen klagar behöver de inte göra något åt det."

En och en halv timme senare läste Miranda fortfarande Bill Brysons Down Under. Tåget rullade in på Katoomba Station och de tre vännerna klev av.

"Vad praktiskt", sa Terri, "en turistinformationskiosk precis utanför tågstationen."

"Vi skaffar en karta och vägbeskrivning till den bästa restaurangen vi kan hitta för frukost", sa Terri.

" "Kanske vi ska lämna våra saker i stugan först?", föreslog Cheryl.

Miranda tittade på kartan.

"Det bästa stället för frukost är Paragon Café", sa kvinnan i informationskiosken. "Gå bara längs den vägen." Hon pekade åt vänster. "Restaurangen ligger på höger sida, ungefär 5 minuter bort, du kan inte missa den. Det är en historisk byggnad och maten är utmärkt. Efter frukost fortsätter ni längs samma väg i cirka 20 minuter. Era stugor ligger på vänster sida. Om ni kommer till Echo Point har ni gått för långt!"

"Det låter ganska enkelt. Tack för hjälpen", sa Miranda. "Okej, då går vi."

"Jag är så hungrig", klagade Cheryl. "Jag trodde verkligen inte att tågresan skulle ta så lång tid."

"Här är det, vad gulligt, de har officiellt utsett en Indoor och en Outdoor med skyltar och allt", sa Terri.

"Wow, det är som att kliva in i en tidsmaskin och komma ut i det glada tjugotalet!", konstaterade Cheryl.

"Det är faktiskt 1930-talet", förklarade mannen med menyerna. "Denna byggnad är listad hos National Trust för vår art déco-inredning."

"Jag är verkligen imponerad", sa Cheryl. "Och ni tillverkar era egna chokladpraliner också?"

"Ja, vi är kända för dem. Ni kan prova några på vägen ut om ni vill. Vill ni ha frukost- eller lunchmenyn?"

"Frukost till alla", sa Miranda. "Vi har åkt tåg hela morgonen från Sydney och är utsvultna."

"Er servitris kommer om några minuter. Vill ni ha juice eller kaffe till att börja med?"

"Cappuccino till alla", sa Terri.

"Jag tar en stor", tillade Miranda.

Frukosten kom strax efter cappuccinos.

"Äckligt!" sa Miranda, "Det här ser mer ut som skinka."

"Jag håller med", sa Terri, "men kanske smakar det bättre än det ser ut. Det är inte så illa, när man skär bort svålen och de vita grejerna."

"Jag gillar min bacon krispig", klagade Miranda medan hon bredde smör på en skiva toast och slukade den. "Ursäkta, kan jag få beställa mer toast? Jag betalar extra."

Några minuter senare placerades en enda skiva rostat bröd framför Miranda.

"Fan, jag borde ha bett om två skivor, för av någon anledning gav hon mig bara en, vad kan man göra?"

sa Miranda. "Vi får gå ändå, jag äter mitt rostat bröd på vägen ut medan vi betalar."

Flickorna insåg att de inte hade fått någon nota och väntade lite längre. Vid det här laget hade Miranda ätit upp sin toast, men det fanns fortfarande inga tecken på servitrisen. Terri bestämde sig för att gå bakom disken och se om servitrisen hade rast eller något, men hon såg henne inte. Till slut lyckades hon fånga en annan servitris.

"Tyvärr, vi ger inte räkningar här. Gå till kassan så hjälper någon dig."

Flickorna släntrade mot caféets entré.

"Det känns inte rätt", sa Terri. "Vi skulle kunna gå ut genom dörren utan att betala, och de skulle inte ens märka det. Folk i Katoomba är verkligen avslappnade!"

"Jag håller med", sa Miranda, "det finns två kassor, en för inköp och en för utköp, och de säljer choklad och kakor där uppe, och det är kö och inga räkningar, det skulle vara så lätt att bara gå ut." Miranda skulle inte ha blivit förvånad om folk gick ut utan att betala – men å andra sidan verkade personalen helt övertygad om att alla skulle betala.

"Hederssystemet fungerar verkligen i australiska restauranger, men jag tror inte att det skulle fungera i Kanada, eller hur?", frågade Miranda.

"Hemma lämnar folk pengarna på bordet och ingen stjäl dem – så jag antar att det bara är en fråga om vad man är van vid", sa Cheryl.

Till slut bestämde de sig för att inte köpa någon choklad eftersom promenaden var tjugo minuter lång och temperaturen steg.

"Det är ingen mening med att bära med sig smält choklad", sa Miranda.

Stugan var fylld med lyxiga bekvämligheter som mikrovågsugn, kaffebryggare och jacuzzi.

"Wow, vi har verkligen hittat ett guldkorn med det här stället", sa Terri.

"Men vi måste gå nu", sa Miranda.

"Mer än halva dagen är förbi och vi har inte ens sett The Three Sisters än. Den här dagen flyger bara förbi och vi vill inte missa något."

När de nådde The Blue Mountains – ungefär tio minuter senare – stod de tre vännerna och tittade ut från kanten, hänförda av utsikten. De stirrade utåt och såg tusentals, kanske miljoner eukalyptusträd badade i den blå dimman.

"Jag har sett bilder av Grand Canyon, och jag minns det från The Brady Bunch, men det kan inte mäta sig med det jag ser här. Det här är så enormt annorlunda jämfört med Grand Canyon", sa Terri. "Är det min fantasi eller är det människor som går från sidan rakt in i en av The Three Sisters?"

"Jag ser också något", sa Cheryl. "Har någon av er växel till teleskopet?"

Visst nog, flera människor gick på en liten bro från klippkanten in i en av The Three Sisters.

"Vi måste göra det!" ropade Miranda, "Det ser fantastiskt ut! Jag kan inte vänta tills det är vår tur!"

"Gå ni, jag är inte säker på att jag klarar det. Bron ser ganska liten och smal ut härifrån, jag vet inte", sa Cheryl.

"Kom igen Cheryl, efter Sydney Harbour Bridge kommer det här att vara en barnlek!", sa Miranda.

Cheryl mindes att hennes pappa hade dykt upp i en dröm och sagt att han skulle vara med henne när hon gick över bron till Three Sisters-klippformationen. I morgon skulle de göra resan.

De besökte en annan informationskiosk som låg mycket nära Echo Point, samt några souvenirbutiker.

"Vi måste komma tillbaka hit imorgon", sa Terri, "jag vill köpa några souvenirer."

"Titta, de har en Sceniscender. Det är Australiens brantaste linbana. Den tar dig 545 meter upp i den regnskog i Jamison Valley som är upptagen på världsarvslistan. Oj! Och den tar dig direkt ner till regnskogens promenadväg. Klockan är bara 15:45, vi hinner", utbrast Miranda.

"Hur kommer man tillbaka upp till toppen?", frågade Terri.

"Bra fråga", sa Cheryl. "Vi vill inte bli strandsatta där nere. Jag har hört att det blir väldigt kallt på natten i dessa trakter."

"Du har rätt", sa Miranda. "De firar jul i juli här, och det snöar och allt, men det är sommar nu så jag tror inte vi behöver oroa oss för det vita." Hon bläddrade några sidor till. "Åh, här är det, Katoomba Scenic Railway, världens brantaste järnväg."

"Vi tar bussen, så får vi mer tid att promenera i regnskogen", föreslog Cheryl. "Titta, här kommer en nu."

"Vad är det för lustigt ljud? Det är en kookaburra!",
sa Miranda. "Vår allra första kookaburra! Och titta, där
borta på antennen, en till!"
De tittade på de två fåglarna. Koo-ka-ka-ka-ka-ka
ekade genom luften. Det besvarades med ett liknande
skratt, nästan som om de förde en konversation.
"Förmodligen man och hustru", sa Cheryl när de klev
på bussen och lämnade Echo Point. Varför, varför,
tänkte Cheryl, är allt på denna plats så stort, så högt
upp?
"Där är den", ropade Miranda. "Tänk dig att du är
där uppe och flyger över himlen, bara fäst vid de där
kablarna."
"Håll käften, Miranda", sa Terri, "du irriterar Cheryl.
Jag är säker på att det är helt säkert."
De köpte biljetter och väntade i kö tills det var dags
för de tre vännerna att gå ombord. Det skakade när
de gick in. Fronten, baksidan och båda sidorna var
glaspaneler.
"Jag står längst bak", sa Cheryl.
"Jag tror inte det skulle göra dig någon nytta att stå
längst bak om vi kraschade", sa Miranda.
"Sluta vara så elak, Miranda, vad har flugit i dig?",
frågade Terri.
"Jag skojar bara, förlåt Cheryl."
Den ryckte framåt, stannade och började sedan en
smidig resa över himlen.
"Ni kan gärna gå runt i kabinen", sa reseledaren till
dem.

Det var en märkbart kort resa och snart anlände de till hjärtat av regnskogen. Luften luktade eukalyptus, sumpig. Det var den dominerande naturliga doften. Efter två timmars vandring värkte deras fötter. "Jag tyckte verkligen om att dricka från Marrangaroo Spring", sa Miranda. "Det var så rent och rent."

"Det var verkligen skönt efter all denna vandring", sa Terri. "Och vart ska vi nu? Hur tar vi tåget tillbaka upp till toppen?"

Miranda tittade på kartan. "Vi följer den här vägen. Den tar oss till Scenic Railway och tillbaka upp till toppen. Det står att 1862 brytades skiffer i dessa områden och att linbanan vi ska åka med en gång användes för att transportera gruvarbetare upp och ner för sluttningen."

"Jag hoppas att de har moderniserat den sedan dess", sa Terri, precis när de närmade sig spåret. "Oj, jag talade för tidigt. Måste vi åka upp dit, baklänges?"

"Det ser verkligen så ut", sa Cheryl.

"Det står på den här skylten att de brukade dra upp 18 personer med 60 kilowatt, nu drar de upp 84 personer med 150 kilowatt, så de har moderniserat den", sa Miranda.

Tåget började gå nedåt. Miranda, sedan Terri och sedan Cheryl klättrade ombord.

"Eh, var är säkerhetsbältena?", frågade Terri.

"Och var är stången som håller oss på plats?", sa Miranda.

Vagnen skakade till och började dra dem uppåt. Rörelsen tryckte dem framåt. Alla tre höll sig fast i räcket för glatta livet medan landskapet passerade förbi.

"Oj, det var intressant", sa Terri, "Jag undrar var toaletten är? Åh, där är den. Jag är tillbaka om en sekund."

'Okej', sa Chery, "Jag behöver verkligen något att dricka!" Hennes knän skakade.

"Du är så rolig", sa Miranda. "Efter Sydney Harbour Bridge – det var ingenting!"

"Du var också rädd, Miranda", sa Terri, "jag såg dina knogar bli vita när den där grejen drog upp oss."

Miranda stuck ut tungan åt Terri.

Efter en kort promenad tillbaka till sin stuga bläddrade de igenom Gula sidorna och bestämde sig för att testa en stek- och fiskrestaurang inom gångavstånd. Allt i Katoomba verkade ligga inom gångavstånd.

"Undrar om vi behöver boka bord?", frågade Cheryl.

"Det skadar inte att ringa och fråga", sa Terri, tog telefonen och talade i luren. "Vi har en timme på oss att göra oss i ordning, så det är bäst att vi skyndar oss. De verkar ha fullt upp ikväll, så det var bra att vi kollade."

"Vi behöver också handla lite, kanske finns det en närbutik på vägen?", undrade Miranda.

Fyrtiofem minuter senare började de gå. Cheryls fötter gjorde så ont att de till slut fick ta en taxi. Taxichauffören stannade vid en 7-Eleven så att de kunde handla lite mat, och restaurangen erbjöd sig vänligt att förvara deras saker i garderoben tills de var klara att gå. Snart njöt de av restaurangens atmosfär och åt en elegant middag medan de beundrade den spektakulära utsikten över Blue Mountains i nattljuset.

"Det verkar vara brist på människor i vår ålder i Katoomba, har du märkt det?" frågade Miranda.

"Ja, jag har märkt det. Massor av äldre människor – få män", sa Terri.

"De kanske valde en billigare restaurang", föreslog Cheryl, "dessutom är jag ändå för trött!"

"Titta dig omkring", sa Miranda. "Bara par. Inte en enda ensam man – förutom bartendern."

De tre vännerna njöt av sin måltid, som var mer extravagant än de hade förväntat sig. Efteråt funderade de på att gå en promenad för att smälta maten, men Cheryls fötter orkade inte. De tog en taxi tillbaka till stugan och la upp fötterna. Timmar senare, trots att de var utmattade, kunde de inte sova. De bestämde sig för att titta lite på tv.

"Hur står de ut?" undrade Terri. "Med bara fem kanaler. Jag skulle bli galen!"

Terri skrev några vykort. Cheryl läste en bok och drack ett glas vin i jacuzzin. Miranda kröp ihop i soffan och läste.

Åtminstone såg det ut så för hennes två vänner. Det såg ut som om Miranda var förlorad i boken, men i själva verket var hon upptagen av tankar på Christina. Hon kunde inte sluta tänka på det. Hon visste inte varför, men hon var säker på att Christina hade mördats. Men varför? Det var obegripligt.

I morgon ska jag ringa mamma och pappa. Om de ens kommer ihåg att de har en dotter.

KAPITEL 22

MIRANDA VAKNADE FÖRST. HON upptäckte ett telefonuttag i badrummet. Perfekt, hon kunde ringa sina föräldrar därifrån. Det var ingen idé att väcka Terri och Cheryl. Miranda var inte helt säker på vad klockan var hemma. Hon gissade att det kunde vara så sent som klockan 19. Hon undrade om hennes föräldrar skulle vara hemma.

Ett ringsignal. Två ringsignaler. Ska jag lägga på???? Fyra ringsignaler. Ja, lägg på-

"Hur mår du mamma? Hur mår pappa?"

"Vi mår bra. Hur är vädret i Australien? Vad är klockan?"

Meningslöst småprat. Jag är din dotter! Prata med mig! Som om jag vore en riktig person. Någon du bryr dig om. Någon du – älskar. Prata med mig!

- Tystnad – minuterna tickar iväg – pengarna rinner ut i avloppet –

Och på tal om avlopp, visste du att vattnet i en australisk toalett snurrar moturs när man spolar?

"Mamma, har du hört om flickan som hyrde min lägenhet? Om vad som hände henne? Visste du att hon blev mördad?"

"Miranda, hon blev inte mördad. I tidningen stod det att hon begick självmord. Vilken fantasi du har."

"Självmord – är de 100 % säkra?"

"Vänta lite, din pappa vill berätta om vad han läste i tidningen. Jag läser aldrig tidningen, som du vet."

"Okej, hej då mamma. Hej pappa."

"Vad är klockan där? Är det varmt?"

"Klockan är 8 på morgonen, det är inte varmt än pappa, men det ska bli upp till 32 grader senare."

"Åh, då är det inte så farligt. Ja, ja älskling, jag vet – din mamma är orolig för hur mycket det här kostar dig – flickan som dog skickade ett självmordsbrev till sina föräldrar. Det kom fram dagen efter hennes död."

"Jag antar att det är bra för hennes föräldrar att kunna komma över det."

"Det var det verkligen."

"Det är ganska spännande här, pappa. Vi klättrade upp på Sydney Harbour Bridge. Vi är uppe i Blue Mountains just nu, i en stuga och..."

"Det är bra, bra, vi är glada att höra från dig, men det här telefonsamtalet kostar dig en förmögenhet! Skicka ett vykort och berätta om det när du kommer hem. Hej då."

Tja, åtminstone idag är jag för första gången på andra sidan jorden från mina föräldrar, istället för att känna så och bo i samma stad.

Miranda sprutade raklödder på benen och började raka dem. När hon drog bladet uppåt kände hon avsky mot sina föräldrar. Några ögonblick senare överväldigades hon av skuldkänslor och ångest. Hon längtade efter deras godkännande – att vara nära dem – och föraktade sedan sig själv för att hon behövde dem.

I sitt hjärta, djupt bortom smärtan, accepterade Miranda sina föräldrar som de var. Hon började gråta. Hon hatade dem. Hon snyftade sig in i en mycket ångande dusch.

Ta dig samman, tjejen! Det här är en unik semester och ingen ska förstöra den!

När hon kom ut var hennes vänner uppe och kaffebryggaren var på. Terri lagade ägg och toast. Cheryl var på gott humör och sjöng med i radion. Miranda var tyst.

Lite mer än en timme senare satt de på en buss på väg mot klippformationen The Three Sisters. Chauffören frågade om de ville höra historien om The Three Sisters. Det hjälpte honom att fördriva tiden.

"För länge sedan bodde tre systrar vid namn Meehni, Wimlah och Gunnedoo i Blue Mountains med sin far, som var en medicinman. Han hette Tyawan."

"Vad spännande att ha en medicinman till far", sa Terri.

"Du kanske inte tycker det när jag har berättat klart", sa busschauffören. "De var rädda för bunyipen som bodde i ett djupt hål i närheten."

"Vad är en bunyip?", frågade Miranda.

"Bunyipen är som en ghoul eller en vampyr, den går tillbaka till aboriginerna", förklarade busschauffören. "Nu är det bäst att ni låter mig fortsätta, annars hinner jag inte berätta klart historien innan ni måste gå vidare med er dag. Trollkarlen var tvungen att resa bort. Han gömde sina döttrar på en klippa, bakom en mur. Hans döttrar hukade sig där, livrädda, när plötsligt en stor tusenfoting kröp mot dem. Meehni kastade en sten på den. Det fungerade och skrämde bort varelsen, men tyvärr väckte det en annan: bunyipen. Systrarna klamrade sig fast vid varandra när bunyipen kom närmare och närmare dem. Deras far hörde oväsendet. För att rädda sina döttrar förvandlade han dem till sten med hjälp av ett magiskt ben. Bunyip vände sig mot honom. Han tappade det magiska benet och letar fortfarande efter det. Hans döttrar hoppas att han en dag ska hitta det och befria dem.

"Det är så sorgligt", sa Cheryl med tårar rinnande nerför kinderna.

"Åtminstone är de tre vännerna fortfarande tillsammans", sa Miranda.

"Ja, det är en viss tröst", svarade Cheryl.

"Tack så mycket för att du berättade historien för oss. Det kommer att göra vår resa för att besöka den första systern ännu bättre. Det här har varit den mest intressanta bussresan jag någonsin har gjort", sa Terri.

"Varsågod, ha en trevlig dag."

De gick längs en slingrande stig tills de nådde The Giant Staircase. Det fanns 800 trappsteg som ledde ner till bergets botten, men för att komma till den första systern behövde de bara klättra ner en enda våning.

Trappan var mycket smal, och folk gick upp samtidigt som de gick ner. De tre vännerna höll sig till höger om berget, eftersom det inte fanns något som skyddade dem på vänster sida.

När de äntligen kom fram till bron fick den smala stigen dem alla att stanna till. Det var en liten hängbro. Den kraftiga vinden fick den att svaja lätt. Endast en person kunde gå över åt gången.

Terri gick först ut på bron och gick över till andra sidan, följd av Cheryl som inte tittade ner och inte tvekade. Miranda var nästa. Två killar väntade bakom henne.

Miranda tog fem steg och stannade sedan. Hon kände som om någon hade tagit tag i hennes anklar underifrån.

En bunyip?

Vad det än var så hade det tagit tag i henne och hon kunde inte röra sig. Inte en centimeter.

"Gå vidare, Sheila", sa en av killarna bakom Miranda, som började bli otålig.

"Kom igen, Sheila, vad har du gjort, tappat modet?", frågade den andra.

"För det första har jag inte tappat modet, och för det andra heter jag inte Sheila... Jag är ledsen, men jag kan inte röra mig. Mina fötter vägrar att röra sig!"

Terri gick tillbaka mot Miranda. Hon sträckte sig efter Mirandas hand och försökte dra henne framåt. Överkroppen kastade sig framåt, men fötterna vägrade att röra sig.

'Backa', sa Terri till de två killarna, "ni gör henne nervös. Ge henne lite utrymme."

"Vi har inte hela dagen på oss, vet du. Jävla Sheila – rädd för höjder."

Miranda kunde inte gå bakåt heller.

"Ni får ta hit en jäkla helikopter för att få ner mig, för de här fötterna rör sig inte ur fläcken."

"Är du alltid så höjdrädd?" frågade killarna.

"Tja, jag var inte det förra veckan när jag klättrade upp på Sydney Harbour Bridge. Jag var inte ens rädd. , Det känns som om någon, eller något håller fast mina anklar. Jag vill gå vidare. Jag vill komma till andra sidan. Men jag kan inte."

Vid det här laget strömmade tårarna nerför Mirandas kinder. Cheryl kom fram till henne. Hon böjde sig ner. Hon lyfte imaginära händer från Mirandas anklar. En efter en började hennes fötter röra sig framåt. Det fungerade. Miranda var fri.

"Jag undrar vilken av de tre systrarna det här är?" Miranda frågade: "Det spelar väl ingen roll, för jag ska ge henne en kram." Hon sträckte ut armarna och kramade hennes kropp mot den trygga klippformationen. Det kändes svalt och lugnet sköljde över Mirandas kropp.

"De där killarna var ganska oförskämda", sa Terri, "inte direkt empatiska."

"Hej, vart tog de vägen?" frågade Miranda.

"Åh, de gick för länge sedan – du var för upptagen med att krama Meehni, Wimlah eller Gunnedoo för att märka det", sa Cheryl.

"Vi kanske också borde gå tillbaka", sa Terri. "Klarar du att gå över, Miranda?"

"Jag tror det, men kanske jag borde gå först den här gången?" Hon steg ut på bron och var på andra sidan inom några sekunder.

Cheryl följde efter, sedan Terri. De klättrade uppför trappan och gick snart längs den slingrande stigen. I morgon skulle de lämna Katoomba.

De tre vännerna hade inte lagt märke till de två australiensiska killarna. De var intresserade av Terri och Cheryl, och de trodde att deras vän som var höjdrädd skulle komma bra överens med Miranda.

Det var första gången tjejerna hade möjlighet att träffa några singelkillar, och de hade inte ens lagt märke till det.

Låt oss hoppas att det inte var deras sista möjlighet.

KAPITEL 23

N ÄSTA MORGON PACKADE DE tre vännerna sina väskor och var ute genom dörren klockan 9. De hade precis tillräckligt med tid för att gå över och ta en sista titt på The Blue Mountains innan de begav sig till tågstationen. Det var en dimmig morgon. Det regnade inte, men det låg ett tjockt spindelnätliknande dis i luften. Ju närmare de kom bergskanten, desto tätare blev diset.

"Om jag inte hade sett det själv skulle jag aldrig ha trott på det. Jag är säker på att bergen finns där, men jag kan inte se någonting", sa Miranda.

"Då går vi, det är ingen idé att stanna kvar – vi vill inte förstöra allt i sista minuten", sa Terri.

"Jag hoppas att tågen inte är inställda!", sa Cheryl.

"Bra poäng", sa Miranda, "Om de är det, behöver vi boende för ytterligare en natt."

De gick längs huvudgatan, bort från Blue Mountains. De stannade vid The Paragon Café och valde en ask med handgjorda chokladpraliner. När de kom fram till tågstationen hade dimman helt skingrats.

"Det är så konstigt", sa Miranda. "Kanske dimman tog farväl av oss."

Väl på tåget såg Miranda tre killar springa mot perrongen i hög fart. Hon kände igen två av dem – de som kallade henne "Sheila" när hon fastnade vid The Three Sisters. Hon kände hur hon rodnade när den längste av dem vinkade till henne.

"Kul att träffas igen", sa han. "Gör det något om vi sätter oss?"

De tre vännerna nickade instämmande när killarna satte sig.

"Jag heter Hayden och det här är mina kompisar Jake och Ben."

"Trevligt att träffas. Jag heter Miranda och det här är mina vänner Terri och Cheryl."

"Hej."

"Jag minns inte att jag såg er igår", sa Miranda och tittade på den sötaste av de tre killarna.

"Han är också höjdrädd", sa Hayden. "Så han åkte till Jenolan Caves på egen hand."

"Om han hade följt med skulle vi fortfarande stå på bron", sa Jake och skrattade.

"Kom igen, kompisar, ge mig en chans", sa Ben. "Så, var kommer ni tjejer ifrån, Kanada?"

'Ja', sa Terri, "bra gissat."

"Det var faktiskt ingen gissning. Jag har en moster som bor i Ottawa, Ontario, så jag kände igen accenten. Vi pratar med henne varje jul."

"Har du någonsin varit i Kanada?" frågade Cheryl.

'Nej', sa Ben, "jag skulle gärna vilja, men jag har inte pengarna – jag menar kontanter – men jag ska åka dit någon dag. Då ska jag göra en jordenruntresa."

"Om vi kan få honom att gå ombord på ett flygplan!" sa Hayden.

Att dela en en och en halv timmes resa med tre totalt okända personer är riskabelt. Antingen kommer man överens som gamla vänner, eller så lär man sig snabbt att ogilla varandra, mycket. I det här fallet var två av tre inte så illa.

"Var kommer ni ifrån?" frågade Terri.

"Vi kommer från Melbourne och är här på en veckas semester", sa Hayden. "Vi åker tillbaka på söndag kväll." Hayden var den äldste och längste. Han hade mörkt, lockigt hår, bruna/svarta ögon och en liten födelsemärke på höger kind. "Jag är trettio år gammal och elektronikingenjör på Telstra."

"Vi kommer från Ontario. Vi bor i snöbältet, så det är inte alls så kallt som i Ottawa", sa Terri. "Jag jobbar på ett företag som tillverkar resväskor, jag är bokförare."

"Åh, en bokförare", sa Jake. "Jag jobbar också på Telstra." Jake tillbringade större delen av tiden med att beundra sin egen spegelbild i fönstret och kamma fingrarna genom håret. Han var blond, blåögd och helt upptagen av sig själv.

"Jag ska börja ett nytt jobb när jag kommer tillbaka", sa Miranda. "Låt oss inte prata om jobbet. Vi är ju på semester."

"Vem av er fastnade vid The Three Sisters?", frågade Ben. Ben var den tystaste, 27 år och kusin till Jake. Han var ungefär 173 cm lång och hade rödblont hår och några fräknar utspridda över näsan. Hans ögon var blåa och han hade ett vänligt sätt. Hans röst var mjuk och lugnande.

"Det var jag", sa Miranda, "jag tror att det var busschaufförens berättelse om bunyip som gjorde det." Hon skrattade.

"Har du alltid varit så, Ben?" frågade Cheryl. "Jag menar rädd för höjder. För mig kommer och går det. Jag hade inga problem vid Three Sisters, men Sydney Harbour Bridge - det skrämde mig."

"Jag har varit så här så länge jag kan minnas", sa Ben, "jag brukade bli nervös när jag åkte pariserhjul. Jag antar att jag är lite feg."

"Nej, inte alls", sa Miranda, "jag tror att det är bra terapi att prata om det." Miranda märkte att Jake knuffade Hayden i revbenen. "Vad är det som är så roligt?"

"Vi tänkte bara", sa Hayden, "på våra planer att åka bungee jumping uppe i bergen. Ben blev helt panikslagen – efter att vi hade lagt ut våra pengar."

"Jag sa ju till er att hoppa utan mig", sa Ben.

"Ta det lugnt", sa Jake. "Vi gjorde en överenskommelse, det var alla eller ingen. Kom ihåg, vi är de tre musketörerna."

"Hej, det är vad vi kallar oss också!" sa Terri.

"Hej, sluta byta ämne", sa Hayden. "Vi har ju trots allt förlorat 150 dollar var!"

"Fan också", sa Ben, mycket högt.

Flickorna sa unisont "Shhhhhhhhhhhh!"

"Förlåt, jag ska fixa pengarna. Nästa lön."

"Du är inte skyldig mig ett öre", sa Jake, "vi var alla överens."

"Du kanske är Allan Bond", sa Hayden, "men det är inte jag – och jag behöver pengarna."

"Ämnet är avslutat", sa Jake och mumlade "förlåt" till tjejerna.

Sedan, som ofta händer när främlingar träffas, uppstod separata samtal. Ben och Miranda diskuterade sin höjdskräck. Terri och Hayden diskuterade Telstra och skillnaderna mellan att arbeta för ett stort konglomerat jämfört med ett familjeägt företag.

Cheryl var inte imponerad av Jake. Hon försökte få honom att prata, men allt han verkade vara intresserad av var sin egen spegelbild. Efter ett tag gav hon upp och anslöt sig till Mirandas och Bens konversation.

"Jag går och kissar", sa Jake.

"Damerna behöver inte höra om det", sa Hayden.

"Inte vi heller, kompis", sa Ben.

Resan närmade sig sitt slut och Ben ville desperat träffa Miranda igen.

"Har ni tjejer något för er på lördag? Vi ska till Darling Harbour. Vill ni träffas för middag och dans efteråt?"

"Vi skulle gärna vilja det", sa Miranda.

"Det vore jättebra", sa Terri.

"Cheryl?", frågade Miranda.

"Visst, om du vill."

"Vi bor på Backpackers Hostel i King's Cross", sa Ben medan han letade i sin plånbok. "Här är numret, ifall ni inte kan komma eller något. Hör av er. Det har varit jättebra att prata med er."

"Vi har också tyckt om att träffa er", sa Miranda. "Vi är på hotellet, ring oss om ni inte kan komma, annars ses vi där. Runt sju?"

"Låter bra, hej då och tack för sällskapet", sa Ben, medan de tre vännerna klättrade uppför trappan och gick ut på perrongen.

"Vilken typ Jake var – han måste vara den tråkigaste människan jag någonsin träffat", sa Cheryl.

"Hayden är inte så bra heller, men jag tror att Miranda och Ben verkligen kom bra överens, så vi kan gå med. Det blir kul – och det är inte som om vi har några bättre erbjudanden", sa Terri.

"Sant, men se till att jag inte blir ensam med Jake, usch."

"Jag tror att du kan lämna mig ensam med Ben", sa Miranda och log från öra till öra.

"Äntligen träffade vi några australiska killar!", sa Terri.

"Ja, det gjorde vi. La du märke till att Jake tittade på sig själv hela tiden?"

"Hur skulle vi kunna missa det?", sa Miranda.

Miranda bestämde sig för att ta ett bad. Hon hällde upp ett glas Cabernet Sauvignon – en miniflaska från kylskåpet – och tog en bok. Hon sjönk ner djupt i badkaret och tänkte på Ben. Han verkade väldigt äkta. Hon kunde knappt vänta på att få träffa honom igen.

KAPITEL 24

NÄSTA MORGON VAKNADE CHERYL och kräktes. Hon hade huvudvärk, ryggont och hennes månatliga vän hade kommit.

"Jag känner inte för att gå någonstans eller göra något", sa Cheryl. "Allt jag vill göra är att krypa ner i sängen och vila."

"Jag ska hämta lite Midol så mår du bra igen på nolltid", föreslog Miranda.

"Låt oss äta en god frukost, ta det lugnt i morse och se hur du mår", sa Terri. "Kanske mår du bättre senare."

"Jag vill inte äta och jag vill inte ha Midol, jag vill bara vila och vara ifred. Varför går ni inte ut och har kul? Jag klarar mig här på egen hand."

"Är du säker?", frågade Terri.

"Jag är säker, jag vill bara vara ensam."

"Det här har väl inget att göra med att du träffade killarna igår, eller hur?", frågade Miranda.

"Nej, det har inget att göra med någon eller något. Jag känner mig bara utmattad och jag..." Hon avbröt sig, började gråta och sprang in i badrummet.

"Jag hatar att lämna henne ensam i det här tillståndet", sa Terri.

"Men om det är vad hon vill, tycker jag att vi ska göra det. Låt henne få lite tid att samla sig." Sedan knackade Miranda på badrumsdörren: "Cheryl, vi går ut ett par timmar, vila dig och lägg upp fötterna."

"Okej, tack tjejer, jag mår bättre senare, det är jag säker på."

I hissen började Miranda prata om Ben: "Han är inte den snyggaste killen, men han är smart, rolig och snäll. Jag ser verkligen fram emot att träffa honom igen!"

"Ta det lugnt, Miranda. Ni har precis träffats."

"Jag vet, men jag har inte känt så här på länge."

"Jag vet, och du förtjänar att träffa någon."

'Tack', sa Miranda.

"Jag undrar hur Cheryl mår där inne?"

"Jag har märkt att hon verkat lite distanserad de senaste dagarna. Jag undrar om hon känner sig lite hemlängtan. Det är ju trots allt första gången hon är borta från sin familj."

"Men vi är bara borta i några veckor och den här resan har kostat oss en stor del av våra besparingar, så vi har inte råd att förlora en dag här och en dag där, förstår du", sa Terri.

"Jag håller med. Vi borde gå tillbaka och försöka få henne att komma igång. Om hon känner sig lite hemlängtan är det värsta botemedlet för henne att sitta ensam och grubbla över det. Hon behöver komma ut och utforska nya saker, träffa människor, så kommer hon snart att glömma allt."

När Miranda vände nyckeln i dörren hörde de Cheryl prata i telefon. Hon grät.

"Jag vill komma hem mamma, jag vill inte vara här längre, jag trivs inte här, jag saknar..." Hon slutade prata och sa sedan viskande: "Jag måste lägga på nu, jag ringer dig senare, okej mamma. Jag älskar dig." Cheryl tittade på sina två vänner och kände sig generad. Hon kastade sig på sängen och grät.

"Hör här, Cheryl", sa Miranda. "Du kan åka hem och gråta som ett litet barn om det är det du vill, men det här är en resa man bara gör en gång i livet och vi följer inte med dig tillbaka. Vi är bara här i drygt en månad och jag tror att du kommer att ångra det resten av livet om du missar den här chansen."

"Vi vet att du kommer att ångra det."

Flickorna satt tillsammans och pratade som tonåringar på en pyjamasfest. Till slut övertygade de Cheryl att ta sig i kragen. De packade och lyckades få med sig ett nattflyg till Outback.

I morgon skulle de bestiga Uluru.

KAPITEL 25

D ET VAR REDAN 40 grader när de vaknade. Luftkonditioneringen surrade. De vaknade med en obehaglig smak av damm i munnen.

"Jag behöver vatten", sa Miranda, "jag känner mig så uttorkad."

"Att dricka så mycket vin igår kväll var kanske inte så bra trots allt", sa Terri, "men vi hade väl roligt, tjejer?"

"Ja, vi njöt, men vi måste sätta igång. Vi ska bestiga Uluru idag, och det kommer att bli varmare och varmare ju längre dagen går. Jag tycker att vi tar en yoghurt eller något annat snabbt nere och sedan ger oss iväg", föreslog Cheryl.

Efter en snabb frukost vågade de sig ut från motellet. De klättrade ombord på en turistbuss. Nordamerikanska och brittiska accenter var vanliga när de begav sig mot det aboriginska landmärket.

"Uluru", började Miranda. "Tidigare känt som Ayers Rock, vars traditionella ägare var en stam som kallades Anangu och som bodde i området i nästan 22 000 år. Själva klippan är mellan 600 och 700 miljoner år gammal!"

Den majestätiska scharlakansröda monoliten som drev i ett hav av sand kom närmare och närmare dem. "Whitefellas", fortsatte Miranda. "Förklarade Ulurus existens med en omvälvning av konglomeratsten som inträffade när kontinenten delvis täcktes av vidsträckta inlandshav, men Anangu säger att deras förfäder skapade Uluru under Tjukurpa-tiden, när övernaturliga varelser korsade landet och skapade berg, dalar och vattenhål längs vägen."

När de steg av bussen blev det tyst. Alla kände vördnad inför den figur som stod framför dem. Den heta luften smekte dem och tog andan ur dem.

"En gång var det möjligt att bestiga Uluru", förklarade reseledaren, "men idag är det inte tillåtet. Platsen är helig för Anangu-folket. Det är inte tillåtet att fotografera. Uluru betyder stor sten. Uluru är sedimentär bergart. Det var en traditionell väg som förfäderna till Mala-folket tog när de anlände till Uluru. Det förklarades som nationalpark 1950, och 1985 återlämnades titeln till aboriginerna. Om ni vill återvända på morgonen, vid soluppgången, kan ni anmäla er till en tur runt basen. Tillsammans kommer er grupp att vandra runt klippans omkrets. Det tar tre timmar. Det är värt att stiga upp för. För tillfället står informationscentret och andra aktiviteter kring Uluru till ert förfogande. Njut av er vistelse.

"Det är lite tråkigt att vi inte får klättra upp", sa Miranda. "Men jag förstår. Det är så vackert. Jag vill inte se det förstört."

"Jag har inget emot att stanna här nere och se det från det här perspektivet, men jag skulle vilja gå på den turen. Jag vet bara inte om vi kan ändra våra flyg. Vi ska ju flyga tillbaka till Sydney klockan 9 på morgonen", sa Cheryl.

"Vi har några timmar kvar här, så låt oss utnyttja dem", sa Miranda. "Vi kan ringa Qantas när vi kommer tillbaka och höra om de kan ändra vårt schema."

De besökte Maruku Arts and Craft-komplexet, som ligger vid foten av Uluru.

"Titta på de här fantastiska målningarna!", sa Cheryl.

"Titta på de här fantastiska artefakterna. Jag önskar att jag kunde köpa min pappas didgeridoo här", sa Terri. "Men jag vill inte lämna den på hotellet eller bära med oss den. Jag skulle verkligen vilja stödja de här lokala konstnärerna."

"Titta, grottor", utropade Miranda. "Målningar överallt. Otroligt! Hur gjorde de det?"

"Konstnärerna gjorde penslar av bark och använde dem för att skapa abstrakta mönster. Varje segment skildrar aboriginerna liv", förklarade reseledaren.

"När skapades den sista?" frågade Miranda.

"På 1930-talet."

"Vi måste stanna och komma tillbaka imorgon bitti", sa Miranda. "Vi måste bara. Vi kanske aldrig kommer tillbaka hit igen."

"Du har rätt", sa Cheryl. "Även om vi måste betala böter är jag beredd att göra det."

"Jag också, det är för fantastiskt för att missa." Tillbaka på motellet lyckades Cheryl med Qantas. Inga avgifter skulle debiteras och deras flyg ändrades till 14:45.

"Det är värt det. Hej, jag kom just ihåg att vi har dejter på lördag kväll", sa Miranda.

"Ja, vi borde äta middag och lägga oss tidigt. I morgon blir det en otroligt hektisk dag", sa Cheryl.

Senare, när de kopplade av i sina trädgårdsstolar, dansade de glödande ljusen över himlen. Stjärnorna hade hela himlen för sig själva, eftersom det inte fanns några stadsljus som konkurrerade med dem.

KAPITEL 26

NÄSTA MORGON VAR FLICKORNA uppe tidigt och redo att åka med bussen. Det var ännu inte helt ljust ute, och det var svalare och mer vilsamt. De åt en snabb frukost och köpte flera flaskor vatten som de stoppade i ryggsäckarna.

"Dessa isolerade kylklampar håller våra drycker kalla i flera timmar", sa Miranda.

Resan till monoliten gick snabbt. Bussen var fylld av spänning och förväntan.

"Mina damer och herrar, ni är på väg att påbörja en resa ni aldrig kommer att glömma. Vänligen behåll era biljetter. Konstverket innehåller aboriginska symboler och anses heligt. Vi tackar er. Njut av er tur."

Guiden förklarade den geologiska historien om Kata Tjuta, The Olgas, medan de vandrade bland de uråldriga bergskupolerna. Solen gick upp och dess strålar träffade Uluru med sin prakt och skapade en ofattbar aura.

Utmattade efter en dag med vandring packade de sina väskor och begav sig snart till flygplatsen. "Jag kan inte beskriva hur mycket dessa otroliga naturunderverk har förändrat mig", sa Miranda. "Niagarafallen är fantastiska, men att vara här och se dessa saker gör mig så tacksam."

"Jag vet vad du menar", sa Terri.

"Jag håller med, men vi är alla utmattade. Låt oss sova lite. Vi är snart tillbaka i Sydney."

KAPITEL 27

99 JAG KAN KNAPPT VÄNTA tills vi kommer tillbaka till Sydney", sa Miranda, "för ikväll får jag träffa Ben!"

"Ben vem?" retade Terri.

"Jag ser inte fram emot att umgås med Jake", sa Cheryl.

"Vi ska äta, prata och dansa lite. Om vi håller Jake borta från speglarna är jag säker på att han kommer att ge dig en trevlig kväll", sa Terri.

Flyget landade klockan 18.00. Klockan var 18.30 innan de var tillbaka på Hilton – och i en galen rush för att göra sig i ordning och ta sig till Darling Harbour före klockan 19.00. Trots detta lyckades de med sitt uppdrag, och de tre vännerna anlände, uppklädda till tänderna, precis klockan 19.05. Det fanns inga tecken på killarna.

"Tja, tjejer, vi ser bra ut och det på rekordtid också", sa Terri.

"Om vi måste stå här för länge", sa Cheryl, "med tanke på blickarna vi får, kanske jag har ett annat val än Jake för kvällen."

"Stackars Jake, han kommer att vara utan dejt och utan vänner i en främmande stad där han inte känner någon", sa Miranda. "Ta fram violinerna", sa Cheryl. "Du krossar mitt hjärta."

"Klockan är 19:15, tror du att de har glömt?" frågade Miranda.

"Jag tror inte att Ben skulle glömma något som har med dig att göra. Han verkade ganska intresserad, Miranda", sa Cheryl. "Och jag säger inte bara det."

"Jag trodde också det", sa Miranda. "Men mamma där borta säger att jag ska ta det lugnt och inte låta fantasin skena iväg."

"Terri har en poäng, men kvällen är ung", sa Cheryl. "Om de inte är här klockan 19:30, letar vi upp en restaurang och äter något. Jag tror inte det är bra för oss att stå här så länge", sa Terri.

"Miranda, Miranda", ropade Ben när han sprang fram och anslöt sig till dem. "Jake och Hayden är på väg. Förlåt att vi är sena. Ni tre ser fantastiska ut. Hur mår ni?"

"Jag mår bra, vi mår alla bra", sa Miranda. "Vi trodde att ni kanske hade glömt bort oss."

"Nej, vi var och dök idag och tiden bara flög iväg. Vi har sett fram emot att träffa er tre sedan vi träffades. Åh, där är de ju."

"G'day", sa Jake och Hayden unisont.

"Wow, ni tre ser fantastiska ut!", sa Hayden.

'Ditto', sa Jake. "Det betyder att ni ser fantastiska ut!"

"Tack", svarade de.

"Okej, då går vi till Raintree Restaurant. Vi tänkte att det skulle vara trevligt att äta middag där. Senare, när de har livemusik, lokala band och dans. Vi är så att säga på en one-stop-shop, om ni inte har några andra idéer för middagen?", sa Ben.

"Nej, vi lämnar det åt dig", sa Miranda. "Eftersom vi inte känner till de flesta restaurangerna här."

"Inse det", sa Terri. "Vi äter allt som inte rör sig."

"Hmm, då blir det ju ett mindre urval", sa Jake. "Men kom ihåg att Morton Bay Bugs inte rör sig längre när de lägger dem på din tallrik. Kom igen, prova!"

"Usch, du skojar väl? Folk äter inte insekter", sa Cheryl.

De kom fram till restaurangen och satte sig. De beställde drycker och sysselsatte sig med att titta på menyerna.

"Om ni inte tror mig, titta här", utbrast Jake.

"Morton Bay Bugs!", sa Terri. "Vad är det? Är det som kackerlackor eller något?"

"Den tanken är så äcklig", sa Miranda. "Akta dig. Du kan förstöra min aptit och då måste vi kanske gå till Mickey D's istället."

'Faktiskt', sa Ben, "de ser ut och smakar som mini-hummer. De anses vara en delikatess här. Tänk på det, vissa människor äter kaviar - fiskrom, och vissa äter escargot - sniglar, så Morton Bay Bugs är inte så illa. Och nej tack till Mickey D's."

"Jag tar räkor, de är samma sak som skaldjur, eller hur?" frågade Miranda.

"Bara större", sa Hayden. "Vi beställer lite vin, Cabernet Sauvignon, okej? Är det någon som föredrar öl?"

"Det är min favorit", sa Miranda.

"Jag föredrar öl", sa Jake.

Vinet och ölen serverades. Man skålade för nya vänner. Man beställde mat. Man delade på brödet. När maten kom var alla nöjda, utom Miranda. "De tittar på mig."

"Självklart gör de det", sa Jake. "Du skalar dem och äter dem. Det finns inget som smakar så gott som färska räkor."

"Jag kan inte äta dem med huvudet kvar, för att inte tala om tarmarna. Åh nej, jag tror jag måste kräkas."

"Ta en klunk vin till och titta på mig", sa Ben. Han tog en räka ur Mirandas skål och delade den på mitten. "Det finns en konst i att äta räkor och ett enkelt sätt att skala dem. Ser du hur jag har delat den här? Det är nyckeln. Nu ligger den köttiga delen där och väntar på dig. Allt du behöver göra är att skala bort den här delen. Se, huvudet är borta och du behöver inte göra något mer med det. Doppa den bara i såsen och smaka."

"När man är i Rom", sa Miranda, medan hon bet i den vita köttiga räkan. "Det är en av de godaste saker jag någonsin smakat. Den är lite salt och lite söt. Här, låt mig försöka skala en själv. Ta för er, allihopa, jag kan definitivt inte äta upp alla dessa."

"Denna laxrisotto är utsökt", sa Cheryl. "Jag har aldrig hört talas om risotto förut."

"Den blir ännu bättre med färsk parmesan strösslad över." Han vinkade till sig servitören. "Färsk parmesan, tack."

Han kom tillbaka med parmesan och Cheryl strödde den över. "Du har rätt, det smakar ännu bättre. Tack för förslaget."

"Och den här cajun-couscousen är också jättegod", sa Terri. "Jag har sett den i butikerna hemma, men jag har aldrig velat prova den förut. Nu måste jag definitivt lära mig att laga den."

"Så, vad har ni tjejer gjort sedan vi sågs senast?", frågade Hayden.

"Vi har sett en hel del av Sydney och vi har varit i Uluru", sa Miranda. "Vilken fantastisk monolit det är."

"Jag är glad att ni har kunnat se så mycket av Australien", sa Ben. "Planerar ni att tillbringa någon tid i Melbourne?"

"Vi är i Melbourne över julen", avslöjade Miranda. "Vi anländer på tisdagskvällen och åker tillbaka på fredagskvällen. Vi ska se en match på MCG första dagen, och..."

"En rundtur på Arts Centre på onsdagen, plus lite julshopping", avbröt Terri.

"Varför firar ni inte jul hos mig? Vi ska ha grillfest, och ni är hjärtligt välkomna", frågade Ben.

"Det skulle vi älska!" utbrast Miranda. "Det är så generöst av dig."

"Bara lite australisk gästfrihet", sa Ben. "Dessutom är Melbourne väldigt annorlunda jämfört med Sydney. Människorna är annorlunda och kulturen är annorlunda. Det finns en ganska stor rivalitet mellan de två städerna och..." Han sänkte rösten. "Melbourne är förstås den bästa staden."

"Ha ha", skrattade Jake.

"Våga säga det högt, kompis!"

"Vadå, och orsaka bråk här inne?" sa Hayden. "Men med tanke på folkmassan tror jag att vi tre skulle kunna ta oss an alla."

"Låt oss inte ta reda på det", sa Cheryl.

"Är alla redo att dansa?" frågade Hayden.

"Visa vägen", sa Terri och hakade sin arm i hans.

När de skildes åt var klockan över två på natten. Musiken hade varit väldigt hög på klubben. De kunde inte höra varandra särskilt bra.

"Tack för en rolig kväll", sa Miranda, "och vi ses i Melbourne."

"Absolut", sa Ben, medan han lutade sig fram för att kyssa Miranda på vänster kind och sedan på höger kind.

"Kom igen, gamle man!" sa Jake och böjde sig fram för att kyssa Cheryl på läpparna. Hon vände huvudet åt sidan och han kysste hennes hår istället.

"Vi ses nästa vecka", sa Terri.

Hayden lutade sig mot henne, men ändrade sig sedan. Han ville inte ta några risker efter det som hade hänt med Cheryl.

De tre vännerna satte sig i taxin, som susade iväg i natten.

KAPITEL 28

TILLBAKA PÅ HOTELLET, TRYGG och säker, vaknade Miranda skrikande. Hon satte sig upp i sängen.

"Vad är det?" frågade Cheryl och tände lampan.

"Är alla okej?"

"Nej, jag mår inte bra", sa Miranda, "jag hade en dröm, en väldigt läskig dröm."

"Berätta om den", sa Cheryl. "Du vet vad man säger om att dela med sig av sina problem."

"Jag vill inte, det är för läskigt."

"Jag sätter på kaffe, så kan vi sitta ute på balkongen och du kan berätta när du är redo. Det är ingen mening med att gå tillbaka till sängen nu. Titta, solen går upp", sa Terry.

När de satt på balkongen, njöt av den friska morgonluften och drack kaffe, berättade Miranda om händelserna i sin dröm.

"Jag var helt ensam på toppen av Uluru. Någon jagade mig. De hade en kniv. Det var en man. Jag sprang och sprang, och han fortsatte att följa efter mig. Jag var fast, hade ingenstans att ta vägen, och då tog han av sig masken. Det var han. Våldtäktsmannen. 'Du måste dö!' sa han. 'Annars kommer de att upptäcka att det var jag. Det var jag som gjorde allt. Jag dödade henne, jag dödade din vän och nu ska jag döda dig.' Jag sparkade honom i skrevet, och han föll, och kniven föll. Den började glida över kanten. Vi kämpade båda för att få tag i den, men regnet började falla och klipporna blev hala. Det var som ren is. Vi kämpade. Det var som om vi åkte skridskor. Jag såg oss från ovan och det var som om vi var en art som utförde ett parningsritual. Jag mådde illa. Han hade fångat mig. Han hade tag i min hals och höll mig över kanten. Han tryckte min kropp framåt. Det var då jag vaknade."

"Inte konstigt att du var livrädd", sa Cheryl. "Jag får gåshud bara av att lyssna på dig."

"Jag också", sa Terri.

Miranda reste sig upp och sprang in i badrummet. Hon kräktes tills det inte fanns något kvar att kräkas.

"Jag förstår inte", sa Terri. "Varför Miranda kopplar ihop de två sakerna. Hennes pappa sa att Christina begick självmord. Hennes föräldrar fick ett självmordsbrev."

"Det är något Miranda inte har berättat för oss, det är jag säker på", sa Cheryl.

"Mår du bra?", frågade Cheryl när Miranda kom tillbaka till balkongen.

"Nej, jag mår inte bra. Jag mår inte bra på något sätt."

"Jag förstår inte", sa Terri, "Vad är det som bekymrar dig?"

"Mitt undermedvetna tror att våldtäktsmannen och mördaren är samma person. Punkt slut."

"Men även om det vore sant, så har han ingen aning om var du är", sa Cheryl.

"Tvärtom. Om han mördade Christina, är det mycket troligt att han vet var jag är. Du förstår, jag lämnade en fullständig agenda på bordet bredvid telefonen. Ifall Christina eller Mrs Pierce behövde nå mig. Det är sant."

"Varför berättade du inte det för oss tidigare?" frågade Cheryl.

"Det spelar ingen roll. Även om det var samma person, varför skulle han titta på telefonbordet?", sa Terri. "Det är en långsökt teori, och jag tänker verkligen inte hetsa upp mig över det."

Cheryl gick motvilligt med på det. Utåt sett verkade hon inte orolig för sina vänner, men inombords önskade hon mer och mer att hon var hemma igen. I säkerhet. Och med sin familj i närheten.

KAPITEL 29

FTER EN KORT FLYGNING landade deras plan i Surfer's Paradise, Queensland. En buss väntade på att transportera dem och några andra till Oxenford på Gold Coast. Det var en tjugo minuters resa.

"Det här stället ser ut som bilder jag har sett av Las Vegas", sa Terri.

"Eller reklam som lockar Snowbirds till Los Angeles för att fly vintern", sa Miranda.

"Åh, herregud! Titta på skyltarna för Dream World, Jupiter's Casino, Warner Bros. Movie World, Sea World, Wet 'n' Wild Water World – synd att vi bara är här i ett par dagar, det verkar finnas så mycket att göra", sa Cheryl.

"Jag kan knappt vänta på att checka in på vårt hotell så att vi kan gå ut och ha kul!", sa Miranda.

"Vad ska vi göra först?" frågade Terri.

"Låt oss se vad det står i Aussie Sights. Det låter mycket lovande, det står: 'Gold Coast är en av Australiens ledande semesterorter. Den har 42 km soliga stränder, regnskogar som är upptagna på världsarvslistan, temaparker, shopping och nattliv, det är kusten med mest!'" läste Miranda.

"Jag tycker att vi går till Warner Bros. först, och sedan de andra om vi har tid", föreslog Terri.

"Sea World är vårt andra val, om vi har tid", sa Cheryl. "Jag är inte så sugen på att bli blöt idag."

"Och ikväll går vi till Jupiter's Casino och äter middag med stil!", sa Miranda.

Problemet var att de var så trötta efter att ha gått runt i Warner Bros. World i sex timmar, så stressade av alla åkattraktioner de skrek på och så mätta efter allt småätande att de inte orkade gå någonstans annat än till sitt rum och sova.

KAPITEL 30

" JAG BORDE RINGA HEM", sa Terri. "Det är söndag kväll och pappa kommer att oroa sig om jag inte gör det."

"Gör det", sa Miranda. "Jag går och duschar. Vi har så mycket att göra idag!"

"Jag ska titta på kartan och göra en plan – Jupiter's Casino blir nummer 1. Undrar när det öppnar. Jag ska se vad jag kan hitta", sa Cheryl.

"Hej pappa", sa Terri. "Ja, vi mår alla bra. Hur mår alla hemma? Vi har jättekul. Okej pappa. Hälsa alla från mig. Vi ses snart." Hon avslutade samtalet med en fundersam min. "Det var snabbt och väldigt konstigt."

Cheryl jublade och bytte ämne. "Woo-hoo, vi har vunnit jackpotten! Jupiter's har öppet dygnet runt! Allt vi behöver är en taxi som tar oss dit."

"Vad är det för skrikande?" frågade Miranda, som var påklädd.

"Först avslutade Terri samtalet så snabbt att hon blev yr, och sedan upptäckte jag att kasinot har öppet dygnet runt. Jag ringer efter en taxi – vi kan vara klara om en timme, va?" sa Cheryl.

"En timme? Det borde vi klara", sa Terri på väg till duschen. "Vi kan äta frukost där."

"Vänta, vänta", sa Miranda. "Jag kom just ihåg något jag läst om dykkurser. Jag skulle verkligen vilja prova."

"Jag har inget emot det, vi behöver inte gå till kasinot direkt, vi kan dyka först och sedan gå till kasinot för middag", sa Terri. "Vem som helst kan äta frukost, men middag, det är något jag verkligen vill äta på kasinot.

"Okej, då blir det dykning", sa Cheryl. "Jag ringer ner och hör om de kan ordna det åt oss så fort som möjligt."

Miranda tittade i gula sidorna medan Cheryl pratade med conciergen.

"Vi måste ta en buss, det kommer att kosta oss - men de kommer att vara här om 30 minuter. De ska hämta några andra, så vi kan hänga med", sa Cheryl.

"Cool", sa Miranda, "Skynda dig Terri, Cheryl behöver fortfarande en tur, och vi har bara 30 minuter på oss att göra oss i ordning och komma ut."

"Oj", sa Terri och klev ut i rummet när Cheryl passerade henne i en suddig rörelse.

KAPITEL 31

" VÄLKOMNA, ALLIHOPA, JAG ÄR er instruktör idag och jag heter Ned. Välj en dräkt och gör er redo. Vi ses här igen om tio minuter." Alla började gå mot dykdräkterna, och han fortsatte: "Om ni undrar över hajarna kan jag ta med er ner för att se dem efter lektionen. Det kostar 25 dollar extra per person och ni måste skriva under försäkringsformulär, men ni får se en haj på nära håll. Ni är helt skyddade i en bur, så ingen fara. Kom igen, alla, och gör er klara! Vi ses här om tio minuter."

"Det gör jag aldrig!" sa Cheryl.

"Kom igen, det blir jättekul", sa Miranda.

"Vi är helt säkra i buren", upprepade Terri instruktörens ord.

De gick ut på fartygets däck och Terri frågade instruktören om de kunde gå ner i en bur allihop.

"Det är inte tillrådligt. Den skulle bli för tung att lyfta om en nödsituation uppstod, förstår ni? Ni får gå ner en i taget. Om något händer drar ni bara i repet så drar vi upp er. Ni kommer aldrig att få en sådan chans igen, eller hur?"

"Nej", sa Cheryl.

"Jag säger, en för alla och alla för en, vi kör!" sa Miranda.

"Först ska vi ta slut på lektionen. Sen kan ni bestämma vad ni vill göra. Jag antar att alla kan simma?"

Lektionen var uppfriskande och de tre vännerna fick tillräckligt med självförtroende för att ge 25 dollar var till sin läderhudade instruktör.

"Jag vill gå först", sa Cheryl.

"Okej, avgjort."

De tre vännerna high-fivade varandra.

Väl inne i buren dumpades Cheryl långsamt ner i havet. Buren var rymlig och hon försökte hålla sig i mitten. Vattnet kändes varmt runt omkring henne och hon tittade ut i fjärran och väntade på den fruktade Bruce. Hon hade aldrig gillat filmen Hajen.

Några minuter senare flöt några blodiga fiskinälvor ner omkring henne. Hennes mage vände sig vid åsynen av dem. Det dröjde inte länge innan den första hajen gjorde sin entré.

Han simmade först runt henne och tittade på henne.

"Hej, herr Haj, jag heter Cheryl, snäll haj, snäll haj."

Han stötte till buren. Cheryl skrek inte och hon blinkade inte. Hon förblev stilla som en staty i hopp om att han skulle försvinna.

Han rammade buren med hela sin kropp och försökte bita i gallret. Cheryl föll omkull, grep tag i repet och drog med all sin kraft. Sekunder senare var hon uppe vid ytan.

"Herregud!" sa Cheryl, "En haj, en enorm haj rammade buren med hela sin kroppsvikt och välte mig. Jag har aldrig varit så rädd i hela mitt liv och jag är verkligen glad att det är över. Din tur, Miranda."

"Verkligen, kom en haj så nära dig?"

"Ja, det gjorde den. Är du redo? Eller ska vi låta Terri gå först?" sa Cheryl.

"Aldrig, jag står över", sa Miranda.

"Jag också", sa Terri.

"Bawk bawk bawk", sa Cheryl.

Senare på Jupiter's Casino var Cheryl kvällens hjälte. Hon hade gjort något modigt när hon gick ner i hajburen.

"Får jag bjuda på en drink till?" frågade Miranda.

"Visst, jag tar en Pina Colada den här gången", sa Cheryl och strålade av stolthet. "Ge mig en", sa hon till dealern. "Ge mig en till. Och fortsätt så!"

KAPITEL 32

På MORGONEN BLINKADE DEN lilla röda knappen på telefonen. Ännu ett meddelande.

"Mer problem?" frågade Terri. Hon pratade med damen i receptionen som bekräftade att Terris pappa, Angelo, hade ringt. Eftersom hon just hade pratat med honom visste hon att något måste vara väldigt fel.

"Hej pappa, jag fick ditt meddelande. Är allt okej?"

"Nej, det är det inte. Jag är rädd att det finns fler dåliga nyheter för Miranda. Hennes pappa har varit med om en olycka. Elizabeth ringde hit sent i går kväll. Hon var desperat efter att ha försökt nå Miranda i timmar. Hon är fortfarande på sjukhuset med Tom. Han är inte i särskilt bra skick. Har du en penna till hands?"

"Ja pappa, jag skriver ner det, okej, ja. Jag ska vidarebefordra meddelandet, så kan hon ringa direkt. Har du någon aning om vad som har hänt?"

"Elizabeth var inte i stånd att ge oss några detaljer, hon var hysterisk. Hon kommer att informera Miranda."

"Okej pappa, tack."

"Vad har hänt nu?" frågade Miranda.

"Jag vet inte riktigt, men din mamma ringde mina föräldrar igår kväll. Hon är på sjukhuset med din pappa, han är skadad. Pappa kände inte till detaljerna. Tydligen mådde din mamma inte bra när hon ringde dem för att be om hjälp."

"Mer otur", sa Miranda medan hon slog numret.

"Tom Evans rum, tack."

"Vem är det jag talar med?"

"Miranda Evans, hans dotter."

"Ja, ms Evans, ditt namn finns på listan. Jag kopplar dig vidare."

"Mamma, det är jag, Miranda. Mr Russo ringde mig. Vad har hänt med pappa? Mår han bra?"

"Din pappa sover just nu. Han har gått igenom en tuff prövning."

"Kommer han att dö? Vad i hela världen har hänt?"

"Nej, det är inte så illa. Han har tre brutna revben, några stygn i huvudet och en stukad fot. Han hade mycket ont. Medicinen slog ut honom, stackaren."

"Var han med om en olycka?"

"Nej, han blev överfallen."

"Överfallen?"

"Din pappa var på väg till affären för att handla några saker. Mannen väntade utanför och krävde din pappas plånbok."

"Herregud!"

"Din pappa hade förstås inte sin plånbok. Han hade bara några dollar i fickan. Han gav dem till mannen, som blev väldigt otrevlig. Han sparkade honom i revbenen, trampade på hans fot och slog honom i huvudet. Sedan sprang han iväg med din pappas bil. Polisen säger att din pappa hade otrolig tur."

"Verkligen tur! Vill du att jag ska komma hem, mamma?"

"Nej, din pappa klarar sig. Han sa att du inte skulle oroa dig, Miranda. Njut av resten av semestern."

"Okej, mamma, men hur såg mannen ut?"

"Han sa att mannen var kraftig, men inte fet. Han hade blont hår, väldigt fett."

Miranda tappade telefonen som slog i golvet, studsade och träffade nattduksbordet. Miranda blev blek och satte sig på sängen.

"Hallå? Hallå?"

"Mrs Evans, det är Cheryl. Miranda har blivit lite dålig. Vi tar hand om henne, så oroa dig inte. Okej, hej då."

"Vad har hänt?" frågade Terri. "Du blev så blek. Jag trodde att du skulle svimma."

"Mår din pappa bra?" frågade Cheryl.

"Pappa blev rånad på väg till affären. Han hade bara några dollar på sig och ingen plånbok, så killen bröt tre revben, vrickade hans fot, slog honom i huvudet och stal sedan hans bil."

"Men du blev inte upprörd av den nyheten, eller hur? Jo, det blev du, men inte på samma sätt som när du frågade hur killen såg ut", sa Terri. "Åh nej, du tänker väl inte vad jag tror att du tänker, Miranda?"

"Pappa sa att killen som attackerade honom var kraftig, inte fet, med fett blont hår. Det är han. Jag vet bara att det är han."

"Men Miranda", sa Cheryl, "det finns miljontals killar där ute som stämmer in på den beskrivningen."

Jag vet att min magkänsla stämmer. Han hade mitt namn. Det skulle vara lätt för honom att ta reda på vem min pappa var. Han behövde pengar och ville skada mig, så han skadade min pappa. Precis som med Christina ville han skada mig, och jag var inte där, så hon dog. Jag vet inte vad jag ska göra. Människor skadas och dör på grund av mig. Vem blir nästa offer? Eller är jag helt paranoid?

Miranda skrattade.

Cheryl och Terri skrattade inte.

De pratade inte om det. Men de undrade båda samma sak. Hade Miranda äntligen tappat förståndet?

KAPITEL 33

FTER ETT TIDIGT MORGONSAMTAL var flickorna redo för sin flygresa till västra Australien. Två dagar i Perth, en dag i Fremantle. Mer fullspäckade scheman när dagarna kvar av semestern minskade. "Jag trodde aldrig att jag skulle säga detta, men jag hatar verkligen att flyga", sa Miranda. "I början var det något nytt, men nu är det bara inte roligt längre."

"Det skulle hjälpa om maten inte var så dålig", sa Terri.

"Och om vi inte redan hade sett alla filmer", sa Cheryl.

"Låt oss prata om häromkvällen", sa Terri. "Jag hade verkligen trevligt, men jag tror inte att Hayden är rätt kille för mig. Han är trevlig och allt, men det finns ingen kemi."

"Det finns mindre än noll kemi mellan mig och Jake", sa Cheryl. "Han var rolig, och jag är glad att jag fick se en annan sida av honom."

Cheryl och Terri tittade på Miranda och väntade på att hon skulle säga något.

"Nå?" frågade Terri.

"Nå, vadå?" sa Miranda.

"Du och Ben verkade komma bra överens, har din åsikt om honom förändrats?" frågade Terri.

"Åh nej, jag tror att han och jag lätt skulle kunna bli kära, om vi inte bodde på motsatta sidor av världen."

"I så fall kan vi lika gärna ställa in grillfesten", sa Cheryl.

"Nej!" sa Miranda.

"Jag skojar bara. Ni två var i er egen lilla värld när ni dansade", sa Terri.

"Han är en bra dansare. Försöker ni två reta mig eller vad? Jag vill helst inte prata om det här, kan vi byta ämne?"

"Okej, vad står det i din bok om vad vi kan göra i Perth?" frågade Cheryl.

Miranda bläddrade fram till kapitlet om Perth och sa sedan: "Det står att det bästa sättet att se staden är att promenera runt. Om man är i god form – vilket jag tror att vi är – tar det tre timmar. Jag tycker att vi ska skaffa en karta och se hur långt vi kan komma. Vi landar snart och har halva dagen på oss att utforska staden. Vad tycker ni?"

"Men vad finns det att se?" frågade Terri.

"Arkitekturen ska vara helt annorlunda än i Sydney. Det finns till och med en väderkvarn från 1835. Den var en gång en mjölkvarn. Det låter som om Perth är väldigt brittiskt."

"Åh bra, brittiskt betyder pubar och god mat", sa Terri. "Så låt oss bara promenera runt, äta, shoppa och ta det som det kommer."

"Låter som en bra plan", sa Cheryl.

I två dagar promenerade de tre vännerna runt i Perth. Staden var full av julbelysning och juldekorationer.

"På något sätt känns 'I'm Dreaming of a White Christmas' inte riktigt rätt här", kommenterade Miranda.

"Faktum är att hela myten om jultomten inte riktigt stämmer", sa Terri. "Det är nära 40 grader Celsius och den tjocka mannen skulle få en stroke om han vandrade runt här i sin röda kostym."

"Men titta, där är en bild av jultomten, och man kan köpa julgranar, precis som hemma", sa Cheryl. "Jag vet inte hur det är med er, men jag känner mig lite hemlängtan."

"Jag är glad att Ben bjöd in oss på julmiddag", sa Miranda. "För tillfället ska vi njuta av vår tid i Perth. Vi har fortfarande mycket att se."

De gick från ena änden av staden till den andra och stannade längs vägen på små kaféer, restauranger och pubar. De tre vännerna förälskade sig i Northbridge, ett trendigt område med alla fördelar man kan förvänta sig av en mycket större stad. Området jämfördes med King's Cross i Sydney.

"Det var där Ben och hans vänner bodde, på ett backpackerhotell", mindes Miranda.

"Du har rätt. Vi måste kolla in det. Är det inte där den berömda Gay Mardi Gras hålls? Jag minns att jag såg en del av den på tv förra året", sa Terri. "Jag minns också något om det", sa Cheryl. "När Toronto Gay Parade hölls visade de klipp från Sydney-versionen. Det såg ganska vulgärt ut."

I Fremantle gick de ombord på en ubåt, deltog i en Aboriginal Heritage Tour och tillbringade lite tid på The Chocolate Factory.

Snart satt de på ett annat flygplan, på väg till Adelaide i södra Australien, där de skulle tillbringa två nätter.

Den första kvällen besökte de Wine Country i Barossa Valley. De provade, och ibland spottade ut, underbart gott vin.

Miranda köpte ett par flaskor Cabernet Sauvignon: en till Ben och en till hans föräldrar.

KAPITEL 34

NÄR DE ANLÄNDE TILL Melbourne och checkade in på hotellet upptäckte de kasinot.

"Ja, ännu en chans att vinna lite pengar", utropade Cheryl, "Jag vann 5 dollar på Jupiter's."

"Jag förlorade samma summa", sa Miranda. "Men jag är villig att ge det en ny chans."

När de kom till kasinot blev de överväldigade av alla spelautomaternas surrande och de upphetsade spelarnas ständiga sorl. Jupiter's var litet jämfört med Melbournes kasino.

Miranda var så uppspeld att hennes händer skakade, men hon lyckades ta ledningen och börja spela medan hennes två vänner stod bakom henne och gav henne moraliskt stöd. Miranda hade fått 16 och hon bad snabbt killen som skötte hennes bord att "ge mig en kort". De höll alla andan i förväntan när Miranda fick en 10:a.

Miranda var fast besluten att fortsätta och fortsatte att förlora omgång efter omgång tills de trettio minuter som de hade kommit överens om att spela blackjack var slut. Miranda förlorade det mesta av sina pengar och funderade på att skaffa fler marker, när de gick mot pokerbordet så att Terri kunde prova på. Miranda och Terri kastade sig direkt in i spelet. Terri fick fullt hus och vann den första handen och fick en liten slant, medan Miranda inte hade samma tur. De spelade i ytterligare 30 minuter och återvände sedan till enarmade banditerna. De spelade i nästan en timme och bestämde sig sedan för att leta efter en bra restaurang.

"Är ni äventyrliga när det gäller mat?"

"Vi provar allt en gång", sa Miranda.

"Det finns en fantastisk thailändsk restaurang precis nedför gatan. Ni kanske måste vänta lite, men det är värt det."

Från där de befann sig kunde de inte riktigt bilda sig någon uppfattning om Melbourne. Det fanns gott om kranar och höga byggnader, men stället verkade lite ovänligt och de flesta människor på gatorna verkade vara försjunkna i sina egna tankar. När de kom fram till restaurangen var den fullsatt och de fick sitta och vänta i 20 minuter innan ett bord blev ledigt.

"Jag hoppas att det är värt att vänta", sa Cheryl.

"Tja, om det är fullsatt en vardagskväll måste det väl vara ett gott tecken, eller hur?", sa Terri.

Miranda nickade instämmande när servitrisen kom fram till dem och visade dem till deras bord.

Inredningen var mycket traditionell och menyn var fylld med alla möjliga delikatesser som tjejerna aldrig hade provat förut. De beställde en rad rätter att dela på med het chilisås och jordnötssås och kastade sig över maten. De beställde drinkar och fler drinkar och blev snart mer än lite berusade.

Flickorna gick längs gatan, och på något sätt verkade ingenting bekant för någon av dem. De kunde inte se kasinot och var mer rädda för att gå vilse än något annat. Cheryl snurrade runt, tappade nästan balansen och kände inte igen något i någon riktning.

Miranda, som bestämde sig för att hon inte skulle chansa på att snurra runt med sin mage i det tillstånd den var i, tog Cheryl på orden och föreslog att de skulle vinka in en taxi. De undrade hur de kunde ha blivit så förvirrade.

De mindes att de bara hade gått ungefär tio minuter från kasinot, men ändå: VAR VAR DET? De kunde inte se det någonstans. Efter mycket övervägande tänkte de att restaurangen kanske hade två utgångar. Kanske var de på en annan sida? De traskade tillbaka in i restaurangen och tittade sig omkring som tre galna kvinnor, tills en servitör frågade om han kunde hjälpa dem.

"Vi är nya i Melbourne och verkar ha tappat bort kasinot", sa Miranda.

"Det ligger precis där borta", sa servitören och pekade i riktningen de just hade kommit ifrån.

"Vi kan inte vara så berusade", sa Terri.

"Det borde finnas en varning på den där saken!", sa Cheryl, medan hon snubblade mot dörren.

De stod utanför och andades in den friska luften. "Ursäkta mig", sa Miranda till en flicka klädd i köks kläder. "Kan du visa oss vägen till kasinot?" "Följ mig", sa hon, "jag ska åt det hållet." "Åh, här är det", sjöng Miranda. "Precis där vi lämnade det!" "Tack!", sa Terri och svansade in på hotellet. De var utmattade och slängde sig i sängarna fullt påklädda. "Nästa resa går till Las Vegas", sa Miranda. "Om vi återhämtar oss i morgon efter all den spriten!", utbrast Terri. "Shhhhhhhh, jag sover", sa Cheryl.

KAPITEL 35

Nästa morgon vaknade alla tre vännerna med baksmälla. De åt frukost på rummet och smaskade på croissanter medan de drack starkt kaffe. Telefonen ringde.

"Hej", sa Ben.

"Eh, vi mår inte så bra idag", sa Miranda. "Lite för mycket sake."

"Jag ville bara välkomna er till Melbourne och önska er en trevlig dag. Vad har ni för planer?"

"Vi ska åka runt och se sevärdheterna med en dubbeldäckarbuss – och – på tal om det – vi måste sätta igång."

"Vad ska ni göra ikväll?" frågade Ben.

"Vi vet inte, vad har du för förslag?"

"Ska vi träffas? Jag har två nya vänner som jag vill presentera för Cheryl och Terri. Vi kan visa er runt."

"Vänta lite", sa Miranda, lade handen över telefonen och frågade Cheryl och Terri om de var intresserade av att träffa två av Bens vänner. "Visst, tack Ben."

"Vi vill göra dig nöjd", sa Ben. "Vad sägs om att vi träffas vid Casino, så kan vi gå därifrån och gå på klubb."

"Klockan sju?"

"Perfekt, vi ses då Miranda."

"Vi ses."

Miranda var så uppspelt. Hon tog inte in några av Melbournes sevärdheter förrän hon såg Ben precis klockan 19:02. Hon ville ge honom en stor kram. Det var första gången hon kände behovet av att krama en man sedan våldtäkten. Men hon gjorde det inte.

"Jag vill presentera mina kompisar, Phillip och Patrick. Det här är Miranda (hon är min), hennes vän Terri och Cheryl."

Alla hälsade på varandra, och sedan ledde Ben och Miranda vägen in i Royal Botanic Gardens. Ben höll Miranda i handen.

Terri och Phillip arbetade inom samma bransch. Phillip var revisor på Warner Brothers Music.

Patrick arbetade på Telstra. Han var tekniker. Han stod sin familj mycket nära och bodde hemma.

Ben och Miranda pratade som gamla vänner och det fanns en förtrogenhet mellan dem som alla deras vänner genast uppmärksammade. De andra två paren följde efter dem och gav dem utrymme.

"Jag tror att det här är mitt andra hem", sa Miranda.

"Hur så?"

"De två starkaste andliga upplevelserna jag någonsin haft var i Blue Mountains och Uluru. Det är som om något talade till mig på båda platserna och helade mig. Det låter nog löjligt", sa Miranda.

"Jag är glad att du hittat så många saker här som får dig att känna dig hemma", sa Ben. "En dag kan du återgälda tjänsten när jag kommer till Kanada. Hur är Niagarafallen egentligen?"

"Du vet, jag har sett det så många gånger genom åren att det inte längre verkar ha samma magi för mig. Som barn var alla skolresor till Niagara. Vi åkte dit nästan varje år och det jag en gång älskade började jag hata. Det hjälpte inte att jag blev åksjuk varje gång. Som vuxen känner jag behovet av att visa det för någon som inte har sett det, förstår du vad jag menar?"

"Du kan visa det för mig, och jag skulle gärna se snön – du kan ta med mig till bergen för att åka skidor – INTE!"

"Åh, du lurade mig nästan! Tänk dig oss två, som är höjdrädda, uppe i Banff. Du borde komma till Kanada ändå", sa Miranda. "För att, tja, hela julen känns lite konstig här. Det är kylan och snön som gör julen levande för mig."

"Vi har ingen jultomte här, vissa familjer har det, men de flesta pratar om Father Christmas", sa Ben. "Vi tenderar att följa våra engelska rötter under julen."

"Åh, det låter mer logiskt, England har ju inte alltid snö vid jul heller. Det är inte garanterat i Kanada, men det är fantastiskt hur många juldagsmorgnar vi vaknar och det ligger ett tunt lager snö på marken. Det är vad vi kallar jungfrulig snö, orörd, och det gör verkligen julen ännu mer speciell."

"Så du tillbringar alltid julen med din mamma och pappa?"

"Ofta firar jag jul med Terri eller Cheryls familj. Jag står inte särskilt nära mina föräldrar."

"Det förvånar mig, Miranda. Ibland verkar du vara en riktig hemmamänniska, och andra gånger verkar du inte behöva någon. Du är en komplicerad kvinna."

"Ja, jag är komplex", skrattade Miranda. "Jag antar att du står nära dina föräldrar?"

"De har alltid funnits där för mig, och jag skulle inte byta dem mot något i världen", sa Ben. "Du kommer att förstå vad jag menar när du träffar dem på juldagen. De är ganska speciella."

"Ursäkta mig, turturduvor", sa Phillip, "men det börjar bli mörkt och vi är utsvultna."

"Vi går tillbaka. Vi har den perfekta restaurangen", sa Ben.

På den indiska restaurangen visades de till ett bord och menyn var fylld med delikatesser som de tre vännerna inte kände till. Kvällen var fantastisk, ända tills Ben följde dem hem.

"Vi skickar en chaufför till er på lördag kväll. En traditionell australiensisk grillfest till er ära hos mig."

"Jag kan knappt vänta", sa Miranda.

"Vi borde gå upp", sa Cheryl och gäspade.

"Ja, det är verkligen sent", sa Terri.

"Gå ni två, jag kommer strax."

"Jag vill inte att den här kvällen ska ta slut", sa Ben.

"Inte jag heller."

"Vill du se en sen film?"

"Ja, varför inte? Jag måste bara säga till mina vänner först, kan du vänta ett ögonblick?"

"Visst, inga problem."

"Rum 417, tack. Hej Terri, det är jag. Jag ska gå på bio med Ben. Vi ska se den sena föreställningen. Jag vet inte när jag kommer tillbaka."

"Är du säker? Jag menar, helt säker?" frågade Terri.

"Helt och hållet." Miranda lade på luren och gick ut i lobbyn för att möta Ben. Han tog hennes hand i sin och de gick tillsammans ut genom svängdörrarna.

"Och du lät henne gå?" utbrast Cheryl.

"Vad kunde jag göra, hon är redo. Hon strålade idag. Ben är bra för henne."

"Jag vet, jag såg det också. Jag är bara orolig."

"Jag håller med dig och jag kommer inte att kunna sova en blund förrän hon är tillbaka. Låt oss se vad som finns på tv. Det skadar inte att vänta på henne som om vi vore hennes föräldrar, eller hur?" sa Terri.

"Vad är vänner till för?"

Ute sjönk temperaturen, och Miranda önskade att hon hade gått upp och hämtat en tröja. Ben tog av sig sin och lade den på hennes axlar. Han verkade veta exakt vad hon tänkte. Men å andra sidan var det nog hennes frossa som gav honom en ledtråd.

"Har du sett Moulin Rouge än?" frågade Ben.

"Nej, men jag skulle gärna vilja se den. Jag har hört så mycket om den... Och den är inspelad här, eller hur?"

"Ja, den spelades in på Fox Studios. Jag har hört att den är bra."

Allteftersom filmen fortskred kände Miranda tårarna väljas upp. Hennes hjärta satt i halsgropen. Hon försökte hålla tillbaka dem, men filmen var så sorglig, särskilt när Nicole sjöng: "Kom vad som kommer, kom vad som kommer. Jag kommer att älska dig till min dödsdag."

Ben tog hennes händer i sina och höll dem i sin famn. Han kysste dem. Miranda kände sig tryggare än hon hade gjort på månader när hon tittade in i hans himmelsblå ögon. Det behövdes inga förklaringar, inga ord.

Efter filmen gick Ben och Miranda tillbaka till hotellet. De höll varandra i handen. De gick sida vid sida. Deras hjärtan slog i synk. Ingen av dem hade varit riktigt kär förut. De kysstes och skildes sedan åt.

Miranda var i sjunde himlen när hon kom till deras rum. Hennes två vänner sov djupt på sofforna. Hon var för uppspeld för att kunna sova. Hon bytte om till nattkläder och öppnade altandörrarna. Hon ville vara ute i nattluften, känna gåshuden på sin hud.

När han håller min hand i sin är det som om vi är de enda människorna på hela planeten. Jag känner mig så trygg, så vacker, och ändå har vi bara känt varandra i några dagar. Hur kan det vara så? Hur kan jag känna så här? Och han vill att jag ska träffa hans föräldrar!

Allt var bra i Mirandas värld, och till och med stjärnorna verkade signalera bra gjort!

KAPITEL 36

På TISDAGEN SåG DE tre vännerna sin första fotbollsmatch på MCG (Melbourne Cricket Ground). De hade utmärkta biljetter men kunde inte riktigt förstå vad som pågick. Till slut kom de fram till att hockey var mycket mer spännande – även om ingen kunde minnas att någon hade hört talas om att någon fått örat avbitet under en hockeymatch. Men Mike Tyson bet ju av örat på den där killen under en boxningsmatch.

På juldagen planerade Ben att skicka en bil för att hämta tjejerna. Tyvärr var bilen på verkstaden, så Ben förklarade för Miranda hur tågtidtabellerna i Melbourne fungerar.

"Det är enkelt. Du går bara till Flinders Street Station och tar Hurstbridge Line. Du stannar kvar tills du kommer till Heidelberg Station. Tågen går var trettionde minut. Om du åker nu kommer mina föräldrar att vara här innan du anländer, och jag hämtar dig på stationen."

'Okej', sa Miranda. "Vi ses då."

Det var enkelt att ta sig dit, och Miranda fick en glimt av Ben genom tågfönstret innan han såg henne. Han stod på perrongen och hade på sig en ljusblå t-shirt som satt tätt över bröstet och fick hans ögon att verka ännu blåare.

"Jag kan inte tro att du äntligen är här", sa Ben. "God jul", sa han och kramade Miranda och gav henne en puss på läpparna.

"Det här ser allvarligt ut", sa Terri.

"Jag hoppas det", sa Ben och tog Mirandas hand i sin. De småpratade på vägen till hans hus.

"Mina föräldrar längtar efter att få träffa er tre. De har varit i Kanada förut, men det var för ganska många år sedan. Jag tror jag har berättat att min mammas kusin bor i Ottawa."

"Det är iskallt i Ottawa, jag är förvånad över att dina släktingar inte har kommit hit för att bo hos dig och fly från vintern", sa Miranda.

"Jag tror att moster Cath gärna skulle vilja komma hit, men hennes son går i skolan och hon har lite ont om pengar. Hennes man dog för några år sedan. Det var därför mina föräldrar åkte till Kanada, för hans begravning."

"Du måste ge oss hennes telefonnummer så att vi kan ringa henne", sa Miranda.

"Det vore trevligt", sa Ben.

Efter att ha tvekat ett ögonblick sa han: "Äntligen är vi framme, mitt kära hem."

Miranda tittade på huset. Det var pittoreskt, helt i tegel, med en härlig liten trädgård på framsidan. Det hängde en krans på ytterdörren och det stod ett litet träd i entrén. När de gick genom huset fick doften av matlagning Mirandas mage att kurra. Hon kände doften av stekt kalkon och julpudding.

Julsånger hördes utifrån. När de gick mot ljudet och in i trädgården på baksidan, flämtade Miranda till när hon såg att den var elegant dekorerad med julbelysning, rosetter och till och med lite konstgjord snö. Allt såg otroligt speciellt ut, och trädgården var full av gäster.

"De är här!" ropade någon och alla började sjunga "Oh Canada, Oh Canada, O Canada, O Canada, O Canada."

"Det var ett varmt välkomnande", sa Miranda. "Men jag behöver ett par drinkar innan jag sjunger resten av vår nationalsång för er. Jag kan till och med sjunga den på franska."

"Hurra! Ge kvinnan en drink eller två då", ropade någon från folkmassan.

"Miranda, det här är min mamma, Angela, och här är min pappa, Robert."

"Mycket trevligt att träffa er båda", sa Miranda. "Jag har med mig en flaska vin från Barossa Valley, jag hoppas ni gillar Cabernet Sauvignon. Ben, här är en till dig också, jag vet att du gillar det. Jag är så glad att träffa er båda, Ben har berättat så mycket om er."

"Tack för vinet, det var mycket omtänksamt av dig.

Det är roligt att höra att Ben har nämnt oss för dig, för han har inte pratat om något annat än dig sedan ni träffades", sa Angela. "Kan du hjälpa mig i köket, Miranda, om du inte har något emot det?"

"Jag hjälper gärna till", sa Miranda. "Åh, ursäkta mina maner, Angela och Robert, det här är mina två bästa vänner, Terri och Cheryl."

"Kul att träffas – gå in och kolla in killarna. Det finns några söta bland dem", sa Angela. "Ben, presentera Mirandas vänner och ge dem något att dricka."

"Ja, mamma."

I köket höll Angela sig sysselsatt med att skära grönsaker. Hon bad Miranda att förbereda dippen. De pratade om småsaker och gick sedan vidare till Ben.

"Ben är en mycket tillitsfull pojke. Han tycker mycket om dig. Men du ska åka snart, eller hur? Hur känner du inför det?"

"För att vara helt ärlig skulle jag önska att jag inte behövde åka hem. Jag älskar det här stället, allt med det."

"Min son?"

Miranda rodnade kraftigt och sa sedan: "Jag tror det, men jag har inte berättat det för honom än och jag tycker inte att det är rättvist att hans mamma får veta det före honom."

"Åh, han vet, Miranda. Ben är en mycket observant pojke. Han vill att du ska flytta hit eller att han ska få besöka dig i Kanada. Han har redan pratat med det kanadensiska konsulatet. Han menar allvar med dig."

"Jag har haft ett svårt år, och Ben är det bästa som har hänt mig på mycket länge."

Ben kom in i köket och lyfte upp Miranda. Hon var inte säker på om han hade hört något av deras samtal. Hon hoppades att han inte hade det. Hon ville inte att han skulle känna sig pressad till något.

"Jag har en present till dig, Miranda, men jag vill inte att du öppnar den förrän senare", sa Ben.

"Åh, det är ju grymt! Får jag inte öppna den nu?"

"Nej, och kan jag lita på dig? Eller måste jag lägga tillbaka den under granen? Jag ser på ditt ansiktsuttryck att det är bättre att jag tar tillbaka den. Den ligger här, under granen", sa Ben.

"Inget förtroende? Hmmm, hur ska det här förhållandet överleva?" frågade Miranda, medan hon tog Bens hand i sin och tillsammans gick de ut.

Middagen var uppdukad som en buffé och det fanns allt från stekt kalkon till stekt lamm och stekt pumpa. Det skålades många gånger, maten var utsökt och konversationen var fantastisk.

När middagen var över ville Miranda desperat få lite tid ensam med Ben. Hon försökte fånga hans blick, men han var upptagen med att underhålla gästerna. Till slut gick han in i huset och Miranda följde efter honom.

"Jag har så trevligt, Ben, tack så mycket för att du bjöd in oss."

"Åh, jag förstår, du vill öppna din present nu, eller hur? Okej, jag ger mig. Jag hämtar den åt dig." Ben kom tillbaka med den lilla lådan.

Miranda rev av det yttre papperet och fann en sammetsklädd ringask inuti. Hennes hjärta gjorde ett hopp. Hon öppnade locket. Det var en ring.

"Det är ringen jag fick av mina föräldrar när jag fyllde 21, jag vill att du ska bära den."

"Jag... jag kan inte ta emot den, Ben. Jag uppskattar tanken, men den är från dina föräldrar. Det skulle inte vara rätt."

"Men jag vill att du ska ha den."

Miranda kysste Ben. Hon höll honom hårt.

"Jag kan bara inte ta emot den, Ben. Jag är rörd över att du vill att jag ska ha den, men jag är ledsen." Hon gav tillbaka ringen till honom.

"Älskar du mig inte?" frågade Ben.

"Jo, jag älskar dig, Ben, men jag vill att du behåller dina föräldrars ring."

"Okej, jag ska inte tvinga dig, och jag är överlycklig över att vi båda känner samma sak för varandra." Ben var nöjd och gav Miranda en mild men passionerad kyss.

När deras läppar äntligen skildes åt, lutade sig Miranda fram för en ny kyss.

"Mmmmmmmmmmm,,   Mmmmmmmmmm," hörde de från någonstans bakom sig. Miranda och Ben öppnade ögonen. Halva festen stod i köket och tittade på när de kysstes. Applåder bröt ut.

Miranda blev helt knallröd. Ben skrattade. Generade tog paret varandra i handen och gick ut till grillen där myggorna (eller mozzies som de kallas i Australien) gnagde på gästerna.

Det var en underbar kväll, och Miranda ville inte att den skulle ta slut. En taxi ringdes och strax efter midnatt var de på väg tillbaka till hotellet. Miranda pratade oavbrutet om Ben och hans föräldrar. Bens andra grupp vänner hade inte fungerat för Terri och Cheryl.

Terri var orolig för att Miranda skulle bli för uppslukad av all denna romantik med Ben för snabbt. Hon ville säga detta till Miranda, men hon trodde att det skulle kunna tolkas fel. Miranda är så lycklig, låt henne vara lycklig så länge det varar, vår resa är snart över och då kommer hon att glömma allt om honom och återgå till sitt liv hemma.

Det var i alla fall vad hon hoppades.

KAPITEL 37

ERAS VISTELSE I MELBOURNE var snart över, så flickorna packade sina väskor och gjorde sig redo för resan tillbaka till Sydney. De bestämde sig för att en resa tillbaka till Blue Mountains skulle vara det vackraste sättet att avsluta sitt äventyr. De försökte boka samma stuga, men den var redan fullbokad.

De bokade rum på ett litet motell. Det var vad man kan kalla ett enkelt motell. Det innebar att det inte fanns någon TV, ingen restaurang, ingenting.

Eftersom de hade varit där tidigare kunde de ta sig runt och ha roligt utan att ha alla bekvämligheter till hands.

De anlitade en vandringsguide som skulle eskortera dem genom bergen och visa dem runt. De frågade om vandringskängor eller utrustning var nödvändigt och fick svaret att bra löparskor skulle fungera bra, men att de borde ha med sig en ryggsäck med mycket vatten, mat och lite insektsmedel.

Kvällen innan frågade Ben om han kunde följa flickorna till flygplatsen. Han kom en timme tidigare än nödvändigt i hopp om att övertala Miranda att äta lunch med honom. Han valde en liten italiensk restaurang, inte långt från hotellet, och de två gick hand i hand och satte sig i en mycket avskild och romantisk del av restaurangen.

"Jag kan inte äta någonting", sa Miranda, "och du har gjort dig så mycket besvär med att ordna allt. "

"Jag kan inte heller äta någonting, men låt oss ta ett glas bubbel och skåla för den tid vi har tillbringat tillsammans. Servitör, kan vi få en flaska champagne och lite bruschetta, tack."

Ben sträckte sig över bordet och tog Mirandas hand i sin. De såg varandra i ögonen. Miranda började gråta.

"Vi kommer att ses igen", sa Ben, "det lovar jag. Jag kan komma till Kanada. Jag kan skaffa ett semesterarbetstillstånd och stanna i kanske sex månader."

"Kan du det? Åh, det vore underbart, Ben."

"Vi kan skriva brev och ringa varandra och..."

"Åh, herregud, tiden har bara flugit förbi. Vi måste åka till flygplatsen, Ben", sa Miranda. "Men jag vill inte säga adjö."

"Gör inte det då. Det är inte farväl, farväl är slutgiltigt."

Miranda kysste Ben försiktigt på läpparna och kramade honom. Hon försökte dra sig undan, men

Ben drog henne tillbaka för en passionerad kyss. Det tog andan ur henne. När hon återfick fattningen gick hon iväg. Hon tittade inte tillbaka. Om hon gjorde det skulle hon kanske upptäcka att Ben inte var mer än en dröm. Miranda och hennes vänner gick ombord på planet. Ben såg på när deras plan lyfte. Tårar rann nerför hans kinder. Han saknade henne redan. Utanför kom en bil från ingenstans och körde på en fotgängare i övergångsstället. Fotgängaren flög upp i luften. Den unge mannen fördes till sjukhuset. Han var medvetslös.

KAPITEL 38

TILLBAKA PÅ HOTELLET I Sydney blinkade det röda ljuset på telefonen i deras rum. Hon ringde receptionen och blev uppmanad att omedelbart ringa hem.

"Det är säkert Ben", sa Miranda. "Det är det säkert."

"Ring tillbaka", sa Cheryl. "Håll oss inte på sträckbänken."

"Melbourne Private Hospital, Katie här."

"Va? Jag måste ha slagit fel nummer. Vilket nummer har jag kommit till? Ja, det är numret jag har här. Jag förstår inte. Jag har ett brådskande meddelande från någon som vill ringa detta nummer."

"Vad heter du?"

"Miranda, Miranda Evans."

"Åh, ja, ms Evans, vi har väntat på ditt samtal. Ett ögonblick, jag kopplar dig vidare."

"Hallå."

"Angela?" frågade Miranda.

"Miranda? Tack för att du ringde, jag är rädd att det inte är goda nyheter." Hon snyftade i telefonen. 'Miranda', sa Robert, "Angela tar det här hårt. Det är en svår tid. Jag vet inte hur jag ska säga det här." "Ben? Vad har hänt med Ben?" "Han blev påkörd av en bil. Han är i kritiskt tillstånd. Det var en smitningsolycka." Miranda svimmade, föll ner på närmaste säng och studsade sedan ner på golvet. Cheryl tog upp telefonen. "Det är Cheryl, Robert, vad har hänt? Miranda svimmade just." "Ben, han har varit med om en olycka. Han är i kritiskt tillstånd. Komatös. Det var en smitningsolycka. Han har omfattande skador på ryggmärgen och ryggen. Läkarna säger att han kanske aldrig kommer att kunna gå igen." "Jag är så ledsen, jag vet inte vad jag ska säga. Finns det något vi kan göra? Jag tror att Ben skulle vilja ha Miranda där. Ska vi ta ett flyg tillbaka?" "Jag vill vara med Ben", sa Miranda, tog telefonen från Cheryl och sa: "Jag tar ett flyg omedelbart. Jag vill vara där för honom." "I det här läget, Miranda, är det ingen mening med att du är här. Han kommer inte att veta att du är här, och Angela och jag är vid hans sida. Endast nära familjemedlemmar får vara där." "Jag känner mig så hjälplös", sa Miranda. "Har polisen några misstänkta?" "De har bett vittnen att träda fram, men hittills har ingen gjort det. Vi hoppas att Ben kommer ihåg något när han vaknar. Jag måste gå, Angela mår dåligt. Jag ringer dig om något ändras."

Terri, som inte förstod vad som pågick, tröstade Miranda. Hon visste att det hade något med Ben att göra, men hon hade ingen aning om hur illa det var.

"De kan inte hindra mig från att åka till honom", sa Miranda.

"Låt oss vänta till i morgon, vi har precis kommit hit och vi är utmattade", sa Cheryl. "I morgon kan vi ställa in vår resa till Blue Mountains och åka till Melbourne med dig. Det är inget problem, men just nu tror jag att vi behöver sova lite."

"Sova, hur kan jag sova när Ben ligger där utan mig? Han är det bästa som har hänt mig på väldigt länge. Jag älskar honom, det gör jag verkligen."

"Jag vet att du gör det, Miranda", sa Cheryl, men saker och ting kommer att se bättre ut i morgon bitti.

Miranda ville tro att det var sant. Hon ville tro att Angela och Robert skulle säga att allt skulle bli bra. Eller ännu bättre, att hon skulle vakna och upptäcka att allt bara hade varit en mardröm och inget mer. Utmattad somnade hon gråtande i sin kudde.

Eftersom Miranda sov djupt bestämde sig Cheryl och Terri för att gå ner och ta en drink i baren. De var båda så uppspelta att de inte kunde sova.

"Tror du att det är en slump?" frågade Terri.

"Jag vet inte, men något konstigt är på gång", sa Cheryl. "Först blir Miranda våldtagen. Sedan mördas personen som hon hyr ut sin lägenhet till. Sedan blir hennes pappa rånad och allvarligt skadad. Och nu är vi här, på andra sidan jorden. Med Ben i koma! Han blev påkörd och övergiven. Det är alldeles för konstigt. Det är otur. Riktig otur, och det verkar följa Miranda vart hon än går."

"Jag kan inte låta bli att undra om du och jag också är i fara", sa Terri. "Jag vet att det låter självisk, men..." "Jag är orolig för Miranda, mer än för mig själv. Om något händer Ben, vet jag inte om hon kommer att klara det. Hon är så galet kär i Ben. Det kan vem som helst se. Det kan väl inte sluta i tragedi efter allt hon har gått igenom. Livet kan inte vara så grymt!

När de kom tillbaka till hotellrummet sov Miranda fortfarande. Cheryl kysste henne på pannan. Miranda rörde sig och sa Bens namn.

"Shhh", sa Cheryl. "Allt kommer att bli bra, sov vidare."

'Okej', sa Miranda, och inom några sekunder hade hon somnat igen.

"Jag hoppas att du har rätt", sa Terri, medan hon drog upp täcket över axlarna.

Vem visste vad morgonen skulle bringa?

KAPITEL 39

IRANDA VAKNADE MED ETT ryck och undrade om
hon hade drömt allt. Ben var i hennes
drömmar och sträckte sig efter henne. Hon
försökte nå honom, men avståndet var för stort. Han
verkade alltid vara precis utom räckhåll. Ibland vände
hon runt ett hörn och där var han, och hon försökte
prata med honom eller nå honom, men då försvann
han i tomma intet. Dessa sekvenser upprepades i
Mirandas fantasi under hela natten.

Plötsligt satte sig Miranda upp och såg sig omkring
i rummet. Hade Ben varit med om en olycka? Kanske
var allt bara en dröm. Hon tittade bort och såg sina
två vänner sova. Terri snarkade och Cheryl log. Hon
undrade om hennes två bästa vänner kunde sova så
fridfullt om Bens liv verkligen hängde på en skör tråd.

Hon vände ansiktet mot väggen och försökte somna
om. Hon tittade på klockan. Den var 03:21. Hon hade
inte sovit länge. Faktum var att hon inte ens mindes

TRE VÄNNER: VÄNTA 4 DEN 1   181

att hon somnat. Hon bestämde sig för att det bästa var att stiga upp, öppna balkongdörren och sitta ute tills hon var redo att somna.

Miranda tänkte att lite självmedicinering kanske skulle hjälpa henne att somna. Hon hittade vodka och apelsinjuice i baren. Men ingen is. Hon skulle behöva hämta lite i korridoren. Eftersom det var mitt i natten brydde hon sig inte ens om att byta om från pyjamasen. Vem skulle se henne ändå?

Det tog ett tag att hitta nyckeln i mörkret, men när hon väl hittat den tittade hon längs den mörka och tomma korridoren. Det var märkbart tyst och ett kusligt surrande fyllde luften – det var det enda ljudet, ljudet från ismaskinen. Hon fyllde sin hink och gick sedan tillbaka till deras rum.

Snacks. Jag behöver snacks. Jag måste hålla mig stark och skräpmat är bättre än ingen mat alls!

Genom glaset såg hon Doritos, Texan BBQ Chips och en mängd läckra chokladkakor som hon hade hoppats få prova.

Jag har inga småpengar.

Hon gick tillbaka och letade i mörkret efter sin handväska. Hon hittade några dollar i mynt och återvände till rummet med armarna fulla av godsaker.

Miranda öppnade tyst altandörrarna. Hon fällde ut en solstol och ställde ishinken, apelsinjuicen, vodkan och skräpmat på bordet. Det såg ut som om hon just hade rånat en närbutik.

Efter två glas vodka och apelsinjuice började Mirandas tankar vandra. Hon tittade ut över Sydney, där staden var full av liv och ljus. Bilar tutade och skrek. Hon kunde inte låta bli att undra vart alla var på väg klockan fyra på morgonen. Hon undrade hur många som körde bil, på väg hem från fester, berusade som skunkar. En motorcykel dundrade förbi och strax därefter hördes ljudet av någon sorts siren. Hon reste sig och lutade sig mot balkongräcket. Det var en ambulans.

De befann sig högt upp, extremt högt upp faktiskt, och vodkans värme började smeka hennes inre. Hon tittade ut, så långt ögonen kunde se, mot Sydney Harbour Bridge, mot Sydney Opera House, och hon kände sig ganska ensam.

Hennes två vänner sov fortfarande djupt. Hon var ensam, men ändå kände hon sig inte ensam. Hon kände hopp. Hon var säker på att Ben skulle bli helt återställd.

En dag skulle han besöka Kanada och Miranda skulle visa honom runt. Hon skulle ta med honom till teatern för att se Romeo och Julia. De skulle ha picknick vid Avon River. Hon skulle ta med honom till sin high school och visa honom var hennes grundskola låg. Nu var det ett bostadskvarter där. Hon skulle ta med honom till Niagarafallen och,

Miranda somnade på solstolen och sov lugnt tills hon väcktes av telefonens ringande. Alla tre flickorna hoppade upp och började gå mot telefonen, men Miranda hann först.

"Hallå, det är Miranda."

"Kära du", sa Angela. "Ben gick bort i morse klockan 3:30. Han dog fridfullt i sömnen. Han återfick aldrig medvetandet."

Miranda höll fast i telefonen som om den var en livlina. Hennes hjärna försökte bearbeta den information hon just hade hört.

Ben är död. Ben är död.

"Men han kan inte vara död. Vi har ju precis träffats."

Ben är död. Han kan inte vara död. Ben är död.

Terri tog telefonen.

"Hon är i chock. Det är Terri, jag är så ledsen. Finns det något vi kan göra? När är begravningen?"

"Tack, Terri, men ta bara hand om Miranda. Ben kommer att kremeras idag. Det blir ingen begravning. Ben skrev under formuläret på sitt körkort om att donera sina organ. Allt kommer att ske idag, snabbt. Vi vill att Miranda ska få något, något som Ben värnade om. Jag skickar det med posten till henne senare idag."

"Tack Angela, jag är säker på att hon kommer att värdesätta det. Jag låter dig gå nu, jag är ledsen."

Miranda gick in i minibaren och hittade två flaskor champagne. Hon diskade tre glas och gick ut.

Hon stirrade ut i tomma intet. Efter ett tag hällde hon upp tre glas champagne.

"Ben, det här är till dig, kompis. Du var en på miljonen och jag är en bättre människa för att jag träffade dig. Jag kommer att sakna dig."

"För Ben!" sa Cheryl och höjde sitt glas.

"Ja, för Ben!" sa Terri.

Deras glas klirrade mot varandra.

Ben var här med mig, innan hans ande gick vidare, och han kommer alltid att finnas i mitt hjärta.

Miranda kände en fridfullhet strömma genom kroppen. Hon började packa. Hon var redo att åka hem.

Terri och Cheryl väntade på att Miranda skulle bryta samman, men det hände inte.

De undrade hur mycket mer deras vän kunde tåla, först våldtäkten, sedan Christina, sedan hennes pappa som blev rånad och nu Bens död.

Vem skulle bli nästa?

KAPITEL 40

MIRANDA SOV DJUPT NÄR Terri och Cheryl gick ut. De skrev en lapp till henne och förklarade att de skulle tillbringa dagen på Taronga Zoo. När Miranda läste lappen kände hon sig lyckligt lottad som hade två vänner som kunde läsa hennes tankar. Det sista hon kände för var att vara ute i världen. Idag ville hon vara ensam.

Efter en timmes deppande ville Miranda lämna hotellrummet. Hon hade en oemotståndlig längtan efter att åka till Blue Mountains. Hon tog några brevpapper och stoppade dem i ryggsäcken. Hon gick till Wynyard Station, bytte vid Central och var snart på väg till Katoomba. Hon reste runt i Sydney som om hon hade gjort det hela sitt liv.

Hon hittade en tom kupé. En plats där hon kunde vara helt ensam med sina tankar och minnen. När tåget rullade ut ur staden satte hon pennan mot papperet och började skriva ett avskedsbrev till Ben. I hennes fantasi var detta det bästa sättet att ta farväl av honom, att åka till toppen av Blue Mountains och kasta sitt brev över kanten, upp i luften.

Först stirrade det tomma papperet tillbaka på henne, men snart tittade Bens blå ögon på henne från pappersytan. Och hon började skriva. Pennan skrapade sig fram över sidan och hon berättade allt för Ben. Hon delade med sig av allt hon hade velat dela med honom. Jag älskar rosa. En viss Led Zeppelin-låt får mig alltid att gråta. Jag har läst Little Women elva gånger. Jag älskar Gregory Peck. Jag har en födelsemärke mitt på ryggen.

När hon var färdig med att skriva och varje hörn av brevet var fyllt, stirrade Miranda ut genom fönstret. Det började regna.

Hon tittade på de små dropparna som föll runt omkring henne. Hon kände sig ett med världen. Som om världen delade hennes smärta och slöt sina armar om henne. Gav henne hopp om att solen skulle komma fram igen en dag.

Och det gjorde det, inom tjugo minuter sken solen, och hon klev av tåget och gick längs Katoombas huvudgata mot Blue Mountains.

Mirandas plan var att åka dit först, släppa brevet och sedan gå tillbaka och titta i bokhandlarna. Medan hon gick följde en kookaburra med på hennes resa och skrattade så högt att hon inte kunde låta bli att skratta med. Hon stannade och stirrade på honom, sittande på tråden.

Varför är du så glad, lilla kookaburra?

Hon tittade sig omkring och såg en annan kookaburra på en antenn, några meter bort. Hon undrade om det var samma kookaburror som hon hade sett förra gången de var i Katoomba. Fåglar parade sig för livet. Hon och Ben skulle vara tillsammans för livet.

Hon började gå igen och kom fram till Echo Point och gick nerför trapporna så långt de tog henne. Hon tog brevet ur ryggsäcken, kysste papperet och lät det sväva över kanten. Hon såg det fladdra nedåt som en fjäder, så långt ögat kunde se. Hon hoppades att en bunyip inte skulle stjäla det. Hon torkade bort tårarna och fortsatte framåt, tills stigen tog slut. Hon tittade upp och såg trappor, hårda betongtrappor som ledde uppåt.

När hon nådde toppen insåg hon att hon fortfarande var i Katoomba, på en liten gata som hon inte kände igen. Det fanns skyltar som ledde henne tillbaka till tågstationen. Hon följde dem, besviken över att trapporna inte ledde henne till Ben, och gick in i en bokhandel och började bläddra. Hon köpte två böcker, en samling av A. B. "Banjo" Paterson och en diktsamling av Henry Lawson.

Hon tillbringade flera timmar med att gå från butik till butik innan hon insåg att det började bli mörkt. Hon måste tillbaka till Sydney.

När hon kom till conciergen väntade ett paket från Angela. Hon höll det nära sitt hjärta när hon hoppade in i hissen och åkte upp.

"Vart kan hon ha tagit vägen?" frågade Terri.

"Jag önskar att hon hade lämnat en lapp. Åh, där är du ju!" utropade Cheryl. "Vi har varit oroliga för dig!"

"Förlåt. Jag behövde bara komma bort härifrån. Hur var det på zoo?"

"Det var fantastiskt. Dingor, wombats, tasmanska djävlar,"

"Och vi fick ta en bild med en koala!" utbrast Cheryl.

Cheryl tittade på Miranda, som inte verkade lyssna när de pratade om sin dag. Då märkte hon paketet som Miranda höll tätt intill bröstet.

"Är det det?" frågade Cheryl. "Paketet från Angela?"

"Ja, ja, det är det."

"Ska vi gå ut så att du kan öppna det i lugn och ro?"

"Nej, stanna, jag vill att ni stannar." Miranda rev upp kuvertet och fann ett kort inuti där det stod: Ben tyckte mycket om dig och älskade dig. Det sa han till oss. Han skulle ha velat att du fick det här. Vi gav det till honom på hans 21-årsdag. Med kärlek, Robert och Angela. P.S. Håll gärna kontakten.

"Hans tjugoförsta, jag vet vad det är", sa Miranda, medan tårarna började rinna nerför hennes kinder.

"Han, Ben, ville ge mig den här ringen på juldagen som ett minne av honom."

Hon satte på den. Den passade perfekt.

"Den är vacker", sa Terri.

Cheryl grät så mycket att hon inte kunde få fram några ord.

KAPITEL 41

Ä NTLIGEN VAR DET DAGS för de tre vännerna att ta flyget hem. De senaste två dagarna hade varit långa. All livsglädje hade försvunnit från Miranda. Ett nytt år stod för dörren, och hon såg inte fram emot det.

"Hon har inte ätit någonting", sa Terri.

"Hon är fortfarande i chock. Och jag tror att det är bra att vi åker hem nu. Hon behöver tid för att läka. Tid och avstånd."

"Vi är snart hemma, och hon kommer att bli överraskad när hon ser vem som möter oss på flygplatsen", sa Terri.

"Shhhh, vi vill absolut inte avslöja hemligheten. Om hon visste skulle hon bli rasande!"

KAPITEL 42

UNDER STÖRRE DELEN AV flygresan pratade Terri och Cheryl med varandra. Miranda stirrade ut genom fönstret. Hon ville varken äta eller dricka något. Inte ens när flygvärdinnan kom med champagneflaskor för att fira nyåret var Miranda intresserad.

"Vad har jag att se fram emot?" frågade Miranda.

"Du har oss", sa Cheryl.

"Och ett nytt jobb att gå till", sa Terri. "Jag vet att du behöver sörja Ben, men tror du inte att han skulle vilja att du var lycklig?"

"Hur kan jag någonsin bli lycklig igen?", frågade Miranda. Hon stängde ögonen och låtsades sova. Hon ville stänga ute dem. Stänga ute allt. Hon ville ha Ben och bara Ben.

Äntligen började planet sin inflygning till Pearson Airport. Det snöade kraftigt och det var turbulens när planet försökte landa. Det tog två försök innan hjulen fick fäste. Snart var de av planet och stod vid bagageutlämningen med vagnar redo att hämta alla sina saker.

Medan de stod och väntade på att deras bagage skulle landa på plattformen verkade de tre vännerna förlorade i sina egna världar. Det tog evigheter att hämta ut deras väskor. De kunde inte tro hur mycket saker de hade skaffat under resan. De fick vänta i evigheter på att få ut Terris pappas didgeridoo. Till slut hade de allt med sig och Miranda var den första som gick genom svängdörrarna. Hennes mamma och pappa väntade på dem. De var inte en kramande familj, normalt sett, men idag var det kramar överallt.

"Du följer med oss hem, unga dam", sa Tom Evans. "Jag är ledsen att höra om din vän."

"Jag är också ledsen", sa Elizabeth Evans. "Vi vill att du följer med oss hem."

"Tack, men det går bra, jag kan åka hem själv", sa Miranda.

"Nej, det går inte, det kommer inte på fråga", sa Tom.

"Men pappa, alla mina saker är där, jag vill åka hem."

"Ditt hem är vårt hem nu", sa Elizabeth. "Följ med oss hem ikväll, berätta om din resa, du kan bestämma dig imorgon."

"Okej, tack", sa Miranda.

"Kom igen tjejer, vi måste åka. Det är en otäck storm på väg och vi ska köra in i snöbältet", sa Tom.

"Menar du att vi ska åka alla tillsammans?", frågade Miranda.

"Ja, kom igen", sa Tom.

"Det känns som om ni har varit borta väldigt länge", sa Elizabeth.

"Ja, det känns som en helt annan livstid sedan vi åkte", sa Terri.

"Vi har lärt oss så mycket om ett vackert land och vi vill alla åka tillbaka en dag", sa Cheryl.

"Jag har alltid velat åka till Australien", sa Elizabeth.

"Det visste jag inte, mamma."

"Visst, när jag var liten hade jag en brevvän i Perth. Vi skrev till varandra, men sedan tappade vi kontakten. Så synd."

"Så är livet! Man har människor i sitt liv under en kort tid, och sedan går de vidare", sa Tom. Han tittade på Miranda i backspegeln. "Men du blir en bättre människa av att ha känt dem."

Miranda log. Hon kunde inte tro att hennes föräldrar uppförde sig som människor. Nästan som om de brydde sig.

De släppte av Terri först och sedan Cheryl.

När det bara var de tre kvar i bilen fruktade Miranda tystnaden och började prata oavbrutet. Elizabeth sträckte sig bakåt och tog Mirandas hand i sin.

"Vi är glada att ha dig hemma."

Miranda såg in i sin mors ögon och såg en djup medkänsla där, en som hon aldrig hade lagt märke till förut.

"Tack mamma."

Tårar vällde upp i Mirandas ögon. Hon kunde inte stå ut med det. Hon kunde inte stå ut med att hennes föräldrar var så snälla mot henne. Hon kände sig för sårbar, och det var uppenbart för henne att de tyckte synd om henne.

Det var medlidande och ingenting annat.

BOK TVÅ

HEMMA IGEN

KAPITEL 1

HOS TERRI VAR DET familjeåterförening. Angelo, Maria och Giovanni hade bjudit in alla till en välkomstfest. "Wow!" utbrast Terri när hon kom in i huset. "Det här hade jag verkligen inte väntat mig. Hur mår ni? Hur mår ni?"

"Vi vill veta allt", sa Angelo. "Allt om din fantastiska resa."

"Jag vill veta hur australiska kvinnor är", sa Giovanni. Maria slog honom i bakhuvudet. Giovanni ryckte till och gnuggade sig med handen.

"Höj era glas för min vackra dotter Teresa", sa Angelo. De skålade och ropade "Tal, tal, tal."

"Tack mamma, pappa och Giovanni för denna trevliga sammankomst. Och tack alla för att ni kom."

"Kom igen, berätta om landet Down Under", sa farbror Freddo.

"Ge mig en chans", sa Terri, "jag har flugit i över tjugofyra timmar."

"Och dina armar gör säkert ont", sa farbror Freddo.

"En gammal men bra vits", sa Maria. "Tyst nu, Freddo, låt Teresa prata."

"Jag är utmattad, men jag ska berätta lite om Australien." Hon pratade med dem i timmar. Om Katoomba, The Three Sisters, klättring på Sydney Harbour Bridge, Uluru, Bondi Beach, Perth, Adelaide, Melbourne. "Nu måste jag sova, god natt allihop", sa Terri. Hon flydde in i sitt rum.

"Vänta lite. Jag har något till dig, pappa. Här", sa hon och räckte honom något.

"Vad är det?"

"Det är ett musikinstrument som används av Australiens ursprungsbefolkning."

"Hur spelar man på det?"

"Man blåser här. Man säger att bara en andlig person kan få fram ljud på didgeridoo."

"Jag ska få det att låta så högt att de hör det i Australien", sa Angelo. Han blåste. Ingenting hände. Han blåste hårdare, fortfarande ingenting. Till slut satte han all sin kraft i det och blåste i munstycket. Ett ljud som liknade en brunstig tjur hördes. Alla i rummet applåderade.

"Tack, Teresa, din mamma och jag kommer att vårda det ömt. Nu är det dags att gå och lägga sig. Du ser väldigt trött ut."

KAPITEL 2

ALLA LAMPOR VAR TÄNDA hos Cheryl. Hennes mamma, syster och bror sprang ut för att hälsa på henne.

"Jag är så glad att vara hemma", sa Cheryl. "Tack för att ni väntade på mig."

"Vi vill höra allt om det", sa Janet. "Du ser utmattad ut."

"Flygresan i sig är tillräckligt jobbig! Dessutom har Miranda inte varit sig själv sedan Bens död. De senaste dagarna har hon varit så deprimerad. Jag vet inte hur jag ska hjälpa henne."

"Ge henne bara tid", sa Janet. "Tiden läker alla sår."

"Du har nog rätt. Jag har presenter till er alla, någonstans i dessa väskor. Är det okej om jag letar fram dem imorgon?"

"Jag hoppas att Ian Thorpe inte är där", sa Evelyn.

"Jag tror inte det. Men han kanske har hört talas om min vackra syster och gömt sig i min väska bara för att träffa henne."

"Goda nyheter sprids snabbt", sa Evelyn.

"Jag är för trött för att prata om Australien ikväll. Kan vi göra det imorgon bitti?"

"Ja, vi förstod att du skulle vara trött, men vi ville träffa dig. Du har gått ner i vikt, det är säkert", sa Craig.

"Det måste ha varit all värme och alla promenader. Temperaturer på över 40 grader och du har fortfarande saker att göra", sa Cheryl. "Men hur var julen?"

"Kom in här", sa Janet och tog sin dotter i handen.

I vardagsrummet stod julgranen fortfarande uppställd och dess lampor blinkade. Under granen låg presenterna staplade. "Vi kunde inte fira jul utan dig."

Cheryl började gråta: "Ni anar inte hur mycket jag har saknat er."

"Jag tror vi har en aning", sa Janet. "Nu, skynda er, alla till sängs. I morgon är det juldagsmorgon. Vi öppnar våra julklappar och dricker äggtoddy och går sedan ut och äter lunch på Swiss Chalet. Det blir perfekt!"

I morgon ska jag berätta för dem om pappa, om att jag kände hans närvaro uppe i Blue Mountains. Jag ska berätta för dem hur hans ande svävade genom luften och sedan sträckte sig ner och rörde vid min panna.

Men om jag berättar vår hemlighet för dem – kommer den närhet jag känner till honom att försvinna för alltid?

Kommer jag att förlora denna nya band om jag säger orden högt?

Jag är inte villig att ta den risken. För tillfället behåller jag det för mig själv.

KAPITEL 3

M IRANDA VAKNADE UPP I ett rum där hon inte hade sovit på över fem år. Om sanningen ska fram hade hon inte satt sin fot i sitt gamla rum sedan hon började hyra sin lägenhet. Hon blev förvånad över att det fortfarande såg ut ungefär som när hon lämnade det. Hennes troféer för softball var fortfarande kvar, hennes årsböcker stod fortfarande på hyllorna och hennes affischer täckte fortfarande väggarna med sina skrynkelfria ansikten: frysta i tiden. När Miranda bestämde sig för att flytta hemifrån ville hon ha med sig alla sina saker. Hon bestämde sig för att hämta dem, men sedan dök det upp något viktigare och hon avbokade. Det verkade aldrig finnas rätt tillfälle att göra det.

Miranda öppnade garderobsdörrarna. Hennes gamla kläder hängde fortfarande där, som om de väntade på att hon skulle komma tillbaka och ta på sig dem. De såg också helt nya ut. Hennes lådor var fortfarande där, och inuti, ja, kepsarna och hattarna som hon en gång bar på kostymfester när hon var liten.

Platsen var som ett slags museum, ett museum för Miranda, och på något sätt kunde hon inte riktigt förstå varför. Hon hade aldrig känt någon nära anknytning till sina föräldrar förrän igår kväll. Nu kunde hon inte låta bli att undra om hon hade haft fel om dem hela sitt liv. Tänk om hon hade missförstått dem helt? Felbedömt dem?

Ibland händer dåliga saker av en anledning. Jag har bara haft otur de senaste åren – och kanske beror det på att jag missar något. Kanske är det som händer mig och omkring mig menat att vara en väckarklocka. Men jag har inte fattat budskapet, så det fortsätter att hända.

Elizabeth och Tom satt i vardagsrummet och tittade på tv. Det var The Price Is Right med Bob Barker och "kom ner" var orden hon hörde när hon kom in i rummet.

"Perfekt timing, Miranda. Kom ner", sa Tom.

"Frukosten är klar", sa Elizabeth.

"Jag skulle gärna vilja ha en kopp kaffe."

"Man kan inte hålla en tjej frisk med bara kaffe. Kom", Tom tog Mirandas arm och ledde henne till köksbordet. "Här är dagens tidning, sitt ner, slappna av, läs – din mamma och jag serverar maten på ett ögonblick."

"Gör er inte besvär."

"Besvär, tja, vi måste mata dig. Se hur mager du har blivit", sa Elizabeth medan hon stoppade in brödet i brödrosten.

Miranda kände sig hjälplös. Hon tyckte inte om att känna sig hjälplös.

När maten var klar satte sig Tom och Elizabeth vid bordet tillsammans med sin dotter. Hon försökte minnas när de senast satt tillsammans som en familj och åt middag. Hennes tankar vandrade tillbaka till den dagen då hon kom hem med ett blått öga. Luften doftade av toast och marmelad.

"Jag är inte mager – men när jag kommer hem och återgår till min vanliga rutin..."

"Men älskling", sa Elizabeth. "Ditt hem är här. Dessutom är du inte säker där."

"Låsen har redan bytts ut, och jag kan installera ett larm."

"Du kan inte ta den risken", sa Tom.

"Självklart måste jag flytta tillbaka till min egen lägenhet, mamma och pappa! Ni måste inse det. Tjugofemåriga döttrar flyttar inte tillbaka hem efter att ha bott på egen hand i fem år."

"Du straffar oss, eller hur?" sa Elizabeth. "Kan du inte förlåta oss för det förflutna och börja om på nytt?"

"Vi vet att vi har gjort misstag, och vi vill lära känna vår dotter bättre. Vi har missat så mycket. Låter du oss göra det, Miranda?"

Miranda svarade inte. Hon tittade djupt ner i sin kaffekopp och såg sockerkristallerna dansa runt och runt.

Elizabeth och Tom utbytte blickar. I sina hjärtan undrade de hur de någonsin skulle kunna nå fram till Miranda. Hon ville inte släppa garden. Murarna runt henne var extremt höga.

"Du måste släppa in oss", sa Tom.

Miranda kände en plötslig lust att resa sig och backa undan. Hon försökte resa sig, men benen var skakiga och hon satte sig ner igen. Hela sitt liv hade hon velat att hennes föräldrar skulle nå ut till henne, försöka komma henne nära, och nu gjorde de just det, och det skrämde henne enormt.

"Jag är tjugofem år gammal! Jag är inte er lilla flicka längre och det är för sent för er båda att försöka vinna över mig nu. Jag har varit självständig. Jag är en stark kvinna. Jag behövde er för många år sedan. Jag behövde er då. Jag behöver er inte nu."

Miranda klättrade in i sin imaginära mur och spikade igen dörrarna.

Jag kan inte gömma mig här med mamma och pappa där. Jag är en vuxen kvinna. Om jag accepterar deras fredsgåva, då vinner de. Jag kommer att ångra det för alltid. Jag kan inte låta dem vinna – de förtjänar det inte.

"Jag vill inte såra er två."

"Jo, det vill du", sa Elizabeth. "Du vill såra oss och fortsätta såra oss. Du vill inte läka. Du straffar oss. Och du hindrar oss från att vara tillsammans – som en riktig familj."

"Jag uppskattar era ansträngningar och välkomnar dem, men jag kan inte stanna här längre. Jag är en stor flicka. Jag är helt säker i min lägenhet. Flickan som bodde där begick självmord, så jag är inte i någon fara. Och jag behöver mitt utrymme. Ni behöver inte oroa er. Jag klarar mig."

"Miranda, polisen vet inte säkert. De säger att hon dog under misstänkta omständigheter och de har uteslutit självmord. En handstilsanalys gjordes och självmordsbrevet stämde inte överens med hennes handstil. Dessutom blev du attackerad!"

"Herregud! Vem har berättat det? De hade ingen rätt! Ingen rätt alls!"

"Polisen antog att vi visste", sa Elizabeth. "Polisen hade ingen aning om att vår dotter skulle hålla en sådan hemlighet för oss. Kanske svek vi dig när du växte upp. Kanske kände vi dig inte tillräckligt väl, eller kunde relatera till dig, eller ge dig det du behövde, men vi vill börja nu. Vi vill erbjuda dig ditt gamla rum igen, så att vi kan skydda dig och hålla dig säker under vårt tak. Du är vårt enda barn, och oavsett vad du tycker om oss, så älskar vi dig innerligt och skulle göra vad som helst för dig, för din säkerhet."

Miranda var mållös. Hennes föräldrar älskade henne. Det tog dem tjugofem år att säga de orden. Ord som Miranda längtat efter att få höra. Nu, när de äntligen kom, tappade hon fattningen.

Hon slog ut med armarna, tungan viftade som en okontrollerad batteridriven docka, och hon berättade allt för dem. All smärta de hade orsakat henne, all skam, allt flödade ut som vatten från hennes läppar, det kom och kom tills hon bara var en tom flaska, och hon föll ner i en stol och började gråta som ett barn. Hon blottade sin själ helt och stod naken framför sina föräldrar. Hon återvände till en tid och en plats i just detta hem när hon var sårbar. Hon rullade ihop sig till en boll och började gråta. Hon gungade fram och tillbaka ett ögonblick och öppnade sedan ögonen och tittade noga på sina föräldrar som stod ovanför henne med händerna utsträckta mot henne. Även om hon ville ha deras tröst, nekade hon dem den genom att gömma händerna i fickorna. Hon hamstrade sin kärlek som om den vore guld. Hennes föräldrar försökte ta sig igenom den mur hon hade byggt, men den var för hög. Hon nynnade på en låt av Simon and Garfunkel för sig själv. "Nu har jag fått nog!" utropade Tom. "Miranda, stå upp och ge oss dina händer så att vi kan trösta dig. Gör det nu – annars får du lämna detta hus för alltid. Ja, lämna oss, och när du går kommer du inte längre att vara välkommen här, och vi kommer inte längre att kalla dig vår dotter." Han tvekade och tittade på sin fru och sa sedan: "Det är ditt val, välj nu."

Barnet i Miranda mindes den här scenen. Den spelades upp i hennes inre öga. Hennes föräldrar ställde aldrig krav. Hennes föräldrar gav alltid efter.

Vad har jag att förlora? Ingenting, ingenting, ingenting, ingenting, ingenting, inte ett dugg.

Hon sträckte ut händerna, och varje förälder tog en i sin och började kyssa dem, som om de hade upptäckt guld eller till och med diamanter. De lyfte upp henne i sina armar och höll bara om henne. Alla tre höll om henne, i en cirkel, och släppte inte taget. Ingenting kunde få dem att släppa taget.

Tom och Elizabeth erbjöd sig att åka till Mirandas lägenhet och hämta några saker åt henne.

"Vänta, jag vill också följa med", sa Miranda.

"Men jag tycker att du borde sova lite. Du ser utmattad ut", sa Tom.

"Det är jag, men jag kommer att hitta styrkan att hantera det här på något sätt. Om ni två är med mig. Ge mig bara några minuter så jag kan pudra näsan."

"Ta den tid du behöver, det är ingen brådska", sa Tom.

"På vägen tillbaka stannar vi och köper kaffe och munkar", sa Elizabeth.

"Kaffe från Tim Horton's och en Long John-munk till vår dotter", sa Tom. "Hennes favoriter."

Jag kan inte tro det. Pappa kommer ihåg min favoritmunk. Kan jag ha missförstått? Under alla dessa år? Det får mig att undra vad mer han kommer ihåg om mig.

KAPITEL 4

K LOCKAN TICKAR VIDARE, DAGAR, veckor och månader går.

Miranda Evans liv tar en oväntad vändning. Hon bor fortfarande i sitt barndomshem. Men det liknar inte det hus hon växte upp i.

Mirandas föräldrar överraskade henne genom att anlita en arkitekt för att omforma huset och göra övervåningen till en fristående lägenhet för sin dotter. Miranda samlade ihop allt från sin gamla lägenhet och allt från Museum of Miranda. Sedan förvandlade hon huset till ett hem.

Varje dag på väg hem från jobbet såg hon fram emot att komma hem. De hade familjekvällar – då de åt middag tillsammans och Miranda, Elizabeth och Tom turas om att laga mat och experimentera med olika recept och rätter från hela världen.

Miranda betalade inte hyra, även om hon erbjöd sig att göra det. Hon fick reda på varifrån hennes envishet kom när hon tog upp frågan med sina föräldrar. Till slut gav hon efter och öppnade ett separat sparkonto där hon satte in en månatlig hyresbetalning. Hon hoppades att hon en dag skulle kunna spara tillräckligt med pengar för att skicka sina föräldrar på semester, kanske till Australien.

Miranda, Tom och Elizabeth pratade som aldrig förr. Under måltiderna, när de åkte bil tillsammans, gjorde de inget annat än att prata, prata, prata – och Miranda älskade det. Tidigare hade hon försökt inleda samtal med dem om saker hon ville veta, till exempel om deras barndom och hur det var att växa upp i deras familjer, men båda föräldrarna stängde alltid av.

"Ingen av oss hade en barndom utan ärr", sa Elizabeth. "Och vi ville inte skrämma dig – genom att berätta hur det var för oss."

"Dessutom är det inte lätt för oss att öppna upp de gamla såren", sa Tom.

"Men ni förstår, pappa och mamma, det finns en anledning – för det hjälper mig att förstå er, hur ni är mot mig."

"Vi förstår det nu, Miranda", sa Elizabeth. "Men när du växte upp trodde vi att det bästa för dig var att skydda dig. Att om nödvändigt linda in det mest värdefulla vi hade i våra liv i bomullsull – för att hålla henne säker."

"När vi fick reda på vad som hade hänt dig, våldtäkten, ville jag döda mannen som skadat dig. Jag visste att världen skulle kasta saker på dig, och jag ville vara där för dig. För att kunna hjälpa dig igenom det – oavsett vad", sa Tom.

Miranda kysste sin pappa på pannan och rörde vid sin mammas hand. Sedan gick hon in i köket för att koka en kanna te.

"Miranda, när jag var liten slog min pappa mig med ett bälte – oftast på baksidan av benen. Han kramade mig aldrig, så den enda fysiska kontakten jag hade med honom var när han gjorde mig illa. Jag hatade honom för det under en stor del av mitt liv, tills jag träffade din pappa. Han var alltid så snäll och mild, och han behandlade mig som en drottning från första stund. Jag berättar detta för att du ska förstå att både din pappa och jag blev misshandlade som barn. Vi stängde av våra känslor långt innan du kom till världen. Vi klamrade oss fast vid varandra, men vi var känslomässigt otillgängliga för dig. Vi har gått i terapi. Visste du det?"

"Nej, det visste jag inte, men jag är så tacksam. Förut var jag arg på dig eftersom jag inte förstod hur traumatisk din barndom var. Förlåt, mamma."

Miranda kramade sin mamma hårt. Hennes mamma kramade tillbaka.

"Jag minns en gång när jag var liten och jobbade i köket. Något försvann, jag minns inte vad det var nu, men det var inte jag som tog det. Jag svor för min pappa att det inte var jag. Jag lovade på heder och samvete, men han trodde mig inte. Han sa att jag var respektlös och slog mig på baksidan av benen tills de blev blå och svarta. Jag kunde inte gå till skolan eftersom jag inte hade strumpor att täcka dem med."

" Du måste ha hatat honom. "

"Nej, Miranda, jag hatade honom aldrig. Jag visste att han bara ville vårt bästa. Och han visade oss bara det som hans far hade visat honom. Vad annat kunde han göra? Det var allt han kände till. Pappa kom från en strängt katolsk familj, men han gick aldrig i kyrkan. Han slutade gå, jag fick aldrig reda på varför, och han lämnade av mamma och mig vid mässan varje dag innan jag gick till skolan. Ibland, oftast vid jul, kom pappa med till mässan. Mamma lät oss aldrig sitta stilla, men pappa gjorde det. Det var svårt att sitta stilla och lyssna på saker man inte förstod så länge. Pappa förstod det. Han tyckte inte om mässan, men han älskade att höra kören sjunga. Ibland kan jag fortfarande höra hans röst när jag sjunger olika psalmer. Han var den pappa jag älskade, den pappa jag fortfarande älskar."

Miranda och Elizabeth gick in i vardagsrummet med te, kex och marmelad på sina brickor. Tom stängde av televisionen när de satte sig, och Miranda hällde upp teet.

"Hade ni två en trevlig pratstund där ute?"

"Trevlig var inte rätt ord. Mamma berättade om sin pappa."

"Han gjorde så gott han kunde", sa Tom. "Så nu är det min tur? Min pappa dödades i första världskriget. Jag kände honom aldrig, jag träffade honom faktiskt aldrig. Mamma var bara gravid när han gav sig av, och hon visste inte ens att jag var på väg. Mamma spelade båda rollerna och hon gjorde det bra. Hon överöste mig med kärlek och uppmärksamhet, men så fort jag fyllde tolv började hon se på mig på ett annat sätt.

Hon behandlade mig annorlunda. Jag visste att jag var på väg att bli en man, men jag längtade fortfarande efter mammas kramar och kyssar. Hon nekade mig båda. Om jag försökte krama henne sa hon ofta: "Släpp mig", och jag skämdes. Det var inte fysiskt våld, som din mamma fick utstå, utan emotionellt våld. Det var något helt annat. Jag kände mig skyldig, skamsen, för jag visste att mamma arbetade hårt som parfymförsäljare på Sears och tjänade tillräckligt med pengar för att betala hyran och försörja oss. Vi var inte fattiga, men vi var inte rika heller. Det fanns pengar avsatta för mig, för college – pappas pension – men de skulle inte bli mina förrän jag fyllde tjugoett, så jag skaffade ett jobb som bensinpumpare.

Jag träffade många tjejer när jag pumpade bensin. Det var på den tiden då kvinnor inte tankade själva. Jag gick på college, jobbade deltid på en tidning och tog examen med utmärkta betyg. Jag var en fullfjädrad journalist. Jag jobbade i Europa, reste runt, träffade din mamma och resten är, som man säger, historia.

"Var jag planerad då?"

"Ärligt talat, nej. Vi var så upptagna med att resa runt i världen att vi inte tänkte på barn eller stabilitet. Vi ville bara se vad vi kunde, göra vad vi kunde. När din mamma upptäckte att hon var gravid fick vi panik."

"Det var inte så att vi inte ville ha dig, älskling, vi var bara rädda, och jag var, tja, för gammal – eller så trodde jag i alla fall – för att få barn. Din pappa sa upp sig från sitt resande jobb och tog en tjänst på en lokal tidning."

Men sedan kom du, och vi insåg snart att vi inte hade en aning om vad vi gjorde. Vi var helt vilsna. Vi var, i brist på ett bättre ord, clueless. Jag var rädd att du skulle gå sönder, sa Tom. Jag minns första gången jag lyfte upp dig, jag var så rädd, men samtidigt var du det vackraste jag någonsin sett.

"Ja, precis", sa Elizabeth. "Du var det barn som stack ut bland alla andra på sjukhuset, och alla sa hur vacker du var. Jag kunde inte amma dig – jag ville, men kunde inte, och jag tror att det gjorde att jag kände mig frånkopplad från dig redan från början, och jag kände alltid att det var en kontakt som vi aldrig kunde återfå."

"Nu förstår jag att ni båda gjorde ert bästa. Jag hade fel när jag drog mig undan från dig och var så dömande. Jag borde ha grävt djupare och försökt förstå var du kom ifrån."

"Låt oss inte skylla på oss själva eller varandra längre. Kom ihåg att detta är en ny början för oss alla", sa Elizabeth.

"Ja, framåt och uppåt", sa Tom.

"Jag måste gå nu. Det är snart dags att gå upp och gå till jobbet."

"God natt."

När hon gick uppför trappan till sin lägenhet log Miranda. Hon hade aldrig känt sig så nära sina föräldrar och så i fred med sig själv. Hon kände att hon kunde prata med dem om allt. Och det hade hon också för avsikt att göra. Hon ville att de skulle lära känna Ben, kärleken i hennes liv. Hon önskade att hon hade ett foto av honom, förutom det hon hade i sitt minne. Det bleknade för varje dag.

KAPITEL 5

U NDER TIDEN SKÖT CUPIDO sin pil mot Terri, och hon blev djupt förälskad. Det började på hennes första dag tillbaka på jobbet. Hon gick längs korridoren och passerade en man.

"Hej", sa han. Han bugade och kysste Terris hand.

Hennes käke höll på att ramla av.

Han hade gått och hon hade kommit.

Vem är den mannen? Är han en inkräktare? Jag måste kolla upp honom.

Hon följde efter honom hela vägen längs korridoren. Han visslade. Han gick snabbt, sedan långsamt. Han vände sig aldrig om. Han stannade vid Mr Travettis kontor. Han gick in. Terri stannade i dörröppningen.

"Kom in, min son", sa Mr Travetti. "Jag ser att du har träffat min högra hand, Terri?"

Terri stirrade på dem båda. Hon kunde se en liten likhet, kanske runt ögonen...

"Terri, kom in och träffa min son."

"Åh, förlåt, jag tappade tråden", sa Terri.

"Terri, det här är min son Amadeo. Kanske du skulle vara så vänlig att ta med honom ut på lunch, eftersom jag har ett tidigare åtagande?"

"Det skulle jag gärna göra", viskade Terri.

Amadeo tog hennes arm och de promenerade tillsammans över gatan till en liten grekisk restaurang och delade på en flaska ouzo. Eftermiddagen flög förbi – och Terri kunde inte tro sina ögon när hon tittade på klockan och såg att den var 18.00.

"Du behöver inte oroa dig, min pappa vet att du är med mig", sa Amadeo.

"Men jag tror inte att han hade tänkt att jag skulle vara borta så länge."

"Det hade han faktiskt", sa Amadeo, "för han har hoppats att du och jag skulle träffas ganska länge. Han pratar oavbrutet om dig, om hur lycklig jag är som har hittat en tjej som du. Jag var tvungen att träffa dig."

Terri rodnade kraftigt.

"Ikväll har min far och mor en middagsbjudning. Du är inbjuden som min gäst. Jag följer dig tillbaka till kontoret och möter dig sedan hos dem klockan 19.00. Klarar du det?"

"Jag kommer."

KAPITEL 6

ET VAR DEN FÖRSTA av många middagar som Terri delade med Amadeos familj.
Snart träffades Terris familj och Amadeos familj för middagar och fester. Amadeo och Terri var det perfekta paret. Alla tyckte det. Deras familjer älskade dem båda. De ville att de skulle få många barn.

Men först behövde de ha ett stort traditionellt bröllop.

Amadeo skulle flytta tillbaka till Rom. Det var hans hem.

Efter långa diskussioner och några tårar bestämde Amadeo och Terri att ett långdistansförhållande inte var något för dem. De hade haft en intensiv fyra veckor lång relation, men nu var det dags att avsluta den. Det var det bästa för dem båda. De var överens om det.

KAPITEL 7

AMADEO VAR TILLBAKA I Rom. Han kunde inte sluta tänka på Terri. Han drömde om henne. Han såg henne i folkmassan. Han sprang fram till henne och upptäckte att det var någon annan. Två veckor gick och han kunde inte sova. Han kunde inte äta. Hans arbete gick dåligt.

Han tog upp telefonen. Han ringde Terri. Först var det varannan dag, men efter att de hade pratat ville han ha mer. Samtalen blev alltmer frekventa, en gång om dagen, två gånger om dagen – tre gånger om dagen.

På grund av tidsskillnaden kröp den som hade natt på sig ihop på golvet med telefonen i famnen. Separata hörn av världen, separata existenser. Den ena lade på och den andra ringde tillbaka. Smärtan upphörde aldrig. Den blev en fysisk smärta som ingen av dem kunde uthärda.

Terri ville inte flytta till Rom. Amadeo ville inte flytta tillbaka till Kanada.

När Terri tänkte på Amadeos armar som höll om henne, doften av mysk i hans hår. Hur hans hår föll tillbaka över hans vänstra öga, hans mörka ögon, inte svarta, inte bruna, en helt egen färg. Hur hans långa ögonfransar blinkade över de mörka ögonen. Hur hon kände sig när han höll hennes hand. Hur hans läppar kändes när de rörde hennes. Hur de försiktigt svepte över hennes panna och fick henne att längta efter mer.

"Amadeo, jag älskar dig", utbrast hon i telefonluren.

"Och jag dig, Terri, och jag dig. Jag har älskat dig sedan den dagen jag såg dig gå nerför korridoren. Jag visste att du var kvinnan jag hade kommit för att träffa. Jag visste att du var Terri."

"Visste du det, och du sa aldrig något? Din råtta – jag har ändrat mig!"

"Om du inte älskar mig längre måste jag hoppa ut genom fönstret – hej då! Jag landar på markisen nedanför. Mitt fall dämpas av pizzadeg."

"Pizza, va? Du har övertygat mig. När ska jag komma och hälsa på dig?"

"Menar du det, Terri? Kommer du till Rom?"

"Om jag var Samantha i Bewitched skulle jag vara där hos dig på en sekund. Tyvärr måste jag be om ledigt."

"Inga problem – pappa har berättat hur mycket du behöver semester. Du jobbar för hårt!"

"Jag har precis kommit tillbaka från semester. Men jag ska se vad jag kan göra. God natt, Amadeo."

"Buona notte mia amare."

KAPITEL 8

HOS CHERYL FANNS DET inte mycket glädje. Janet upptäckte en liten knöl i sitt bröst medan hennes dotter var bortrest. Janet var förskräckt. Hon upptäckte knölen och valde, som de flesta kvinnor, att ignorera den. Den blev större för varje dag och började snart göra ont. Janet höll sin rädsla för sig själv, även om hon visste att det inte var det bästa att göra. Det var först när hon delade sin börda med Cheryl som hon insåg hur stor hennes rädsla var.

Läkaren bekräftade det värsta. Det hade vuxit så snabbt och det gick inte att stoppa. Kemoterapi kunde förlänga Janets liv; kanske skulle hon gå i remission. Han trodde att hon kunde leva mellan en och tre månader. Det var förödande nyheter.

Jag kan inte tro det. Det finns ingen cancer i mammas släkt. Mamma har aldrig rökt. Hon har alltid tagit väl hand om sig själv. Hon har tränat. Hon har ätit mycket frukt och grönsaker. Varför mamma? Varför just min mamma?

"Jag vill inte att din bror och syster ska få veta det än."

"Men mamma, de måste få veta."

"Inte än, snälla."

Denna vädjan pågick i en månad, sedan i två månader, och Janets barn såg hur deras mamma blev allt sämre. De visste att något var fel och bad sin äldre syster att berätta vad som hände, men Cheryl svek inte sin mammas önskan och vägrade att berätta för dem.

"Hennes hår faller av", sa Craig. "Går hon på kemoterapi?"

"Har hon cancer?", frågade Evelyn.

"Barn", sa Janet. "Kom in i vardagsrummet och sätt er. Cheryl, vi vill alla ha en kopp te, tack, och sedan ska vi prata." Janet satte sig i soffan. Hon hade mycket ont. Hon kände sig så utmattad hela tiden.

När Cheryl hade satt sig och teet var serverat nickade Janet till en stund. Hon vaknade med ett ryck och upptäckte att hon låg på soffan med sina tre barn som tittade på henne.

"Förlåt. Jag är bara så trött nu för tiden. Nu, barn, Evelyn och Craig – ni måste lyssna mycket noga på mig. Jag är sjuk, extremt sjuk, och läkarna tror inte att jag har särskilt lång tid kvar på jorden."

"Mamma!" utropade barnen och knäböjde vid hennes sida.

"Cancern har tagit tag i mig och släpper inte taget. Jag kämpar. Er syster har hållit detta hemligt på min begäran och hon har hjälpt mig. Hon har varit min klippa, men nu tror jag inte att jag har någon kampvilja kvar. Jag vill vila, vara med er pappa."

Janet blev sämre och sämre och gav till slut efter för sjukdomen. Hennes familj var vid hennes sida. Hon dog hemma, i sin egen säng, på sina egna villkor – omgiven av de människor och saker hon älskade.

Janets mamma Abigail kom från Indiana för att hjälpa till. Mormor Abbey erbjöd sig att stanna kvar efteråt, men Cheryl bad henne att återvända hem så snart som möjligt efter begravningen så att barnen kunde återgå till sin vanliga rutin. Cheryl visste att Craig och Evelyn skulle behöva hålla kontakten för att komma över sin förlust.

Cheryl tänkte ofta på den sista dagen med sin mamma. Hon, Craig och Evelyn höll vakt medan mormor Abbey sov. Craig och Evelyn nickade till hela tiden, och till slut övertygade Cheryl dem att gå och lägga sig och sa att hon skulle hålla vakt.

"Mamma", sa Cheryl, "jag måste berätta om Blue Mountains, för där uppe mötte min ande pappas. Jag kände hur han rörde vid min panna, precis som han gjorde när jag var liten. Vinden verkade bli hans armar. Jag har inte berättat det förut, för jag var rädd att känslan skulle försvinna om jag delade den."

"Tack för att du berättade det", sa Janet. Hon tog tag i sin dotters hand. "Jag har skrivit brev till var och en av er. När jag är borta, när jag är med er pappa, gå till bankfacket och ta ut breven." Hon kramade nävarna i smärta, grep tag i sin dotters arm och sedan somnade hon in för alltid.

Hon såg så fridfull ut där hon låg. Cheryl fortsatte att titta på henne – fortfarande med sin mors hand i sin, tills handen blev kall. Sedan grät hon som ett barn.

Jag berättar för dem i morgon, mamma. Hälsa pappa från mig.

KAPITEL 9

BEGRAVNINGEN HÖLLS DAGEN FÖRE mors dag. Ceremonin var perfekt eftersom Janet hade förberett allt i förväg. Hon skulle kremeras och sedan begravas i graven bredvid sin man.

Den dagen regnade det, och de kramade sig tätt intill varandra medan vinden blåste genom deras kläder och regnet trängde sig in i deras känslor.

Deras föräldrars andar hade förenats. Två skyddsänglar som vakade över dem högt uppe bland molnen.

KAPITEL 10

J ANET OCH MARTIN LÄMNADE jorden och försörjde sina tre barn väl. De hade tak över huvudet och inga bolån att betala. De hade upprättat en fond för Craigs och Evelyns utbildning. Det fanns pengar för hushållskostnader, inklusive mat. Barnen hade allt, allt utom det de ville ha – sina föräldrars närvaro.

"Vi kan skaffa jobb efter skolan", föreslog Craig.

"Tack, men det behövs inte. Jag vill att ni två lägger all er energi på skolan. Vi har tillräckligt med pengar och med min lön borde vi klara oss, så oroa er inte."

Cheryls prioritet var att hennes bror och syster skulle fullfölja sin utbildning.

Även om hon själv hade blivit antagen till universitetet valde hon att ta ett sabbatsår från arbetet.

Tyvärr blev det året två, blev tre, blev fem.

Och nu var Cheryl säker på att det var för sent för henne att återvända till skolan.

Men det var inte för sent för Craig och Evelyn. Hon tänkte inte låta dem göra samma misstag, även om hon ibland måste vara den elaka. Det skulle vara värt det i längden.

KAPITEL II

O CH SÅ TRäFFADES DE tre vännerna inte lika ofta som förut. Ödet kastade en enda tärning. Varje vän befann sig i en unik situation.

Men när de återförenades var det som om de aldrig hade varit ifrån varandra.

Det är så här äkta och eviga vänskap överlever avstånd och tid.

KAPITEL 12

T ERRI TOG DET FÖRSTA tillgängliga flyget till Rom. Hon kunde knappt sitta still i väntan på att få träffa sin älskade Amadeo igen. Hon kunde knappt tro hur lycklig hon var som hade träffat och förälskat sig i en så underbar kille. Det hjälpte också att alla i hennes familj tyckte så mycket om Amadeo.

Hon mindes kommentarerna från sina vänner när de träffade honom för första gången:

"Wow – han är otroligt snygg och så charmig", sa Miranda.

"Du har sån tur, Terri, jag är så glad för din skull! Ni två är som gjorda för varandra", sa Cheryl.

Jag är en otroligt lycklig tjej! Det råder ingen tvekan om det. Men jag är så nervös, som om det vore vår första dejt. Jag måste ta några djupa andetag och försöka hålla mig lugn.

Flygplanet landade på Leonardo Da Vinci-flygplatsen och Terri skyndade sig in på toaletten för att fixa sminket och borsta tänderna innan hon hämtade sina väskor.

På andra sidan dörrarna väntade Amadeo med en bukett rosor.

"Amadeo", ropade Terri.

Han hade på sig en mörkgrå Armani-kostym och hans svarta, lockiga hår var ännu lockigare i den heta romerska sommarfuktigheten. De sprang mot varandra och kramade om varandra, kysste varandra, skrattade och grät.

"Jag kan inte tro att du är här", sa Amadeo. "Och du ser helt fantastisk ut."

"Du också."

De gick hand i hand till Amadeos bil, tittade på varandra, tog in varandra, andades in varandra.

Terri såg ingenting av Rom. Hon kunde faktiskt ha varit var som helst. Just nu var Amadeo allt hon ville ha. Hon ville se varje del av honom, se hur han växlade med sina starka men mjuka händer, se hans bröstkorg röra sig upp och ner när han andades, se hans lockar falla ner över pannan. Hon ville stryka bort dem från hans panna. På samma sätt som Barbra hade gjort med Robert i The Way We Were. Det var så romantiskt!

Kemin mellan dem var extraordinärt stark. Deras händer vandrade.

"Hur långt är det, jag menar till din lägenhet?"

"Inte långt, du är väl inte trött?"

"Sömn är det sista jag vill ha", sa Terri.

Terri hade bestämt sig. På denna resa skulle hon ge sin oskuld till Amadeo, oavsett om de var förlovade, ämnade att gifta sig eller inte. Hon kunde inte föreställa sig någon annan man i sin framtid. Hon ville desperat ha Amadeo. Hon ville att han skulle ta henne. Att han skulle stryka sina fingrar över hela hennes kropp. Att han skulle röra varje centimeter av hennes kropp. Hon ville ha honom så mycket. Hon suckade och kämpade mot tårarna.

Amadeo körde nästan sin Alfa Romeo av vägen. "Gör inte om det där, älskling", sa Amadeo, "om du inte vill förstöra min bil."

Amadeo hade varit med flera kvinnor tidigare, inte många, men några. De var inte oskulder. Först trodde han att hon skämtade när Terri sa att hon aldrig hade varit med någon tidigare. Men det var just det som gjorde Terri så speciell för honom, hennes uppriktighet, hennes självständighet och hennes självkänsla. Hon behövde ingen man för att bevisa att hon var en kvinna.

En sen kväll avslöjade Terri sin hemlighet för Amadeo och frågade om han ville vara den som introducerade henne till sexualiteten.

Först var Amadeo inte glad över utsikterna. Han kände att det satte för mycket press på honom – men sedan insåg han hur mycket han älskade Terri och hur speciell han ville att hennes första gång skulle vara.

I väntan på Terris ankomst var Amadeos lägenhet fylld med blommor. Väl inne planerade han att fylla badkaret med massor av bubblor. Han ville att allt skulle gå långsamt, så att hon alltid skulle minnas sin första gång.

Champagnen stod redo, kyld i en ishink. Chokladöverdragna jordgubbar låg i kylskåpet.

Amadeo skulle mata Terri med dem, en efter en, tills hon skrek efter mer.

Sedan skulle han dra i tyglarna... Låta henne vänta. Hon hade väntat så länge, så vad skulle lite mer väntan göra? Det skulle göra hennes första gång ännu mer speciell.

Amadeo hade dock inte räknat med Terris suck på vägen till hans lägenhet. Han hoppades och bad att hon inte skulle göra det igen, annars skulle han kanske få lust att ta henne så fort de kom in genom dörren... Om hon suckade igen var Amadeo inte längre säker på att han skulle vara stark nog att fortsätta med sin ursprungliga plan.

KAPITEL 13

M IRANDAS MORGON HADE INTE börjat särskilt bra. Först ringde inte hennes väckarklocka (igen) och det startade en kedjereaktion som verkade aldrig ta slut. Hon satt och åt en snabb toast och kände sig lite konstig och insåg att hennes mens hade börjat, nästan en vecka tidigare än normalt. Hon gick till badrummet och kollade om hon hade några bindor, men det fanns inga. Hennes mamma behövde förstås inga, men hon hade en låda med Depends, så Miranda gick till jobbet med en sax för att snabbt lösa sitt problem.

Hon hoppade in i bilen och rusade till jobbet, men när hon nästan var framme insåg hon att hon hade glömt sin mobiltelefon i sin andra handväska. Det fanns ingen möjlighet för henne att ringa sin relativt nya chef, Mr Mandelbaum, för att säga att hon skulle bli sen.

Det var inte första gången hon var sen. Den gången hade han struntat i det. Ändå ville hon inte framstå som en anställd som utnyttjade situationen. Särskilt eftersom hon fortfarande var ny på företaget och han hade stort förtroende för henne. Hon ville inte svika honom eller sig själv.

Miranda ville inte förstöra denna möjlighet att förbättra sin arbetserfarenhet – för att inte tala om att det var Amadeos far, herr Travetti, som ägde dotterbolaget och att Terri hade tagit en stor risk när hon rekommenderade sin vän till jobbet. För Terris skull ville hon inte misslyckas.

Miranda tog fram en cigarett ur väskan och började röka. Ah, suckade hon. Precis vad jag behövde – och stressen verkade försvinna omedelbart. Hon tänkte på sin nyförvärvade vana och undrade varför hon inte hade börjat röka för flera år sedan. Sedan hon började röka för nästan två månader sedan hade hon gått ner nästan sju kilo. Plötsligt var hennes kropp inte intresserad av mat, utan istället av något annat – nikotin.

Miranda nynnade med i en reggaelåt på radion på väg till jobbet. Hon susade runt på parkeringen i hopp om att hitta en plats nära ingången, men hade ingen tur. Något annat gick inte hennes väg idag. Hon var tvungen att parkera långt bort, vilket gjorde att hon blev ytterligare fem minuter sen.

Herr Mandelbaum, hennes chef, väntade på andra sidan svängdörrarna. Miranda hoppades att detta inte var déjà vu.

"Åh, hej, Ms Evans, jag har haft möten hela morgonen, hur mår du idag?"

"Jag mår jättebra, tack, Mr Mandelbaum. Jag tänkte bara komma ner och kolla om kuriren har varit här."

Puh – han har ingen aning om att jag är sen!

"Det var väl värt resan", sa hon och höll upp FedEx-kuvertet.

"Bra jobbat, Miss Evans."

Miranda gick till kontoret, slängde sin handväska i lådan och låste den. Hennes röstbrevlåda var full – men det var hennes blåsa också. Det senare vann – meddelandena kunde vänta ytterligare fem minuter. Miranda kände att all otur var förbrukad. Tjejerna skulle träffas för lunch på Mario's Pizzeria. En gång i månaden samlades alla sekreterare och receptionister för att småprata, och allt betalades av företaget.

Det var faktiskt där Miranda började röka. Hon var den udda kvinnan och bestämde sig till slut för att om man inte kan besegra dem, så får man ansluta sig till dem. Fram till dess hostade hon sig igenom röken under luncherna – och hatade varje minut av det. Nu när hon var en av dem accepterades hon villkorslöst i gruppen.

Vid lunchtid hade Miranda varit ute på trappan inte mindre än fyra gånger för att ta en cigarett med sin kompis. En gång i tiden fanns det en stor cafeteria som hade delats upp i rökare- och icke-rökareområden. Sedan kom någon på en briljant idé för att få personalen att sluta med sin otäcka lilla vana. Ett mål sattes upp, och alla som uppnådde målet, dvs.

slutade tvärt, före ett visst datum, skulle få en kontant belöning.

" Det!" utropade Mandelbaums privata sekreterare Muriel. "Alla på kontoret försökte sluta röka samtidigt! Det var värre än helvetet. Alla gick varandra på nerverna, drack litervis med kaffe och kissade hela tiden. Det blev inte mycket arbete gjort, det kan jag lova dig, inte mycket alls."

"Men vad hände sedan?" frågade Miranda. "Jag menar, med er alla. Var det ingen av er som fullföljde programmet?"

"Jo," sa Muriel. "Den första personen som slutade fick ett särskilt incitament på 500 dollar i kontanter: personalchefen, herr Davidson. Efter det började folk ge upp eftersom ersättningen inte var tillräckligt incitament, och innan man visste ordet av var cafeterian fullpackad med rökare igen."

Muriel tog ett par djupa bloss och fortsatte sedan: "Herr Mandelbaum var såååå irriterad att han förbjöd rökning i cafeterian helt och hållet och vi var tvungna att börja komma hit!"

Hon tog ett bloss, blåste ut ett par rökringar och sa sedan: "Ja, jag vet vad du tänker, Miranda, och du har rätt. Herr Mandelbaum ligger långt före sin tid på mer än ett sätt."

Muriel tittade på klockan, släckte sin cigarett och öppnade dörren. De skyndade sig tillbaka till sina skrivbord – en halvtimme kvar till lunch.

Eftersom det var en gång i månaden hade herr Mandelbaum inga problem alls med att flickorna unnade sig en förlängd två timmars lunch. Han insisterade faktiskt på det och köpte till och med en omgång drinkar. Muriel hade ett företagskreditkort – bara för deras speciella luncher. Det var en tradition. Ett av ryktena som Miranda hörde från en annan tjej, Sally, som var en relativt nyanställd precis som hon själv, var att luncherna var så godkända av Mr Mandelbaum eftersom det var så han fick reda på vad som verkligen pågick i alla avdelningar. Sally antydde att Muriel var en spion som rapporterade vad som sades till vem. Miranda trodde inte på det för ett ögonblick. Hon tyckte att Sally var lite paranoid. Ändå var hon mer försiktig när hon pratade med Muriel. Hon hade inget att dölja, men hon kände några personer på höga positioner. Hon ville inte avslöja någon onödig information.

Flickorna jublade, festade och åt allt de kunde, inklusive dessert – New York-style bakade cheesecakes till alla – och återvände sedan till kontoret med en förnyad känsla av mening. Mr Mandelbaum stod vid hissen och hälsade på alla kvinnorna när de kom tillbaka, leende, som en far som välkomnar sin dotter hem efter en tjejkväll.

När Mr Mandelbaum hälsade på sina flickor var det också en tradition. Flickorna såg fram emot att se hans vänliga ansikte när de började jobba igen. Han var en chef som inte ställde många frågor, en på miljonen. Miranda tyckte att hon inte kunde ha fått ett bättre jobb, på en bättre plats, någonsin.

När hon började jobba igen kom hon att tänka på Terri och undrade hur det gick för henne i Rom med Amadeo. Terri hade anförtrott Miranda att hon hade för avsikt att förlora sin oskuld under resan. Tillsammans gick de till kliniken för att hämta p-piller. Miranda bestämde sig för att själv börja med p-piller. Hennes 26-årsdag var ju trots allt precis runt hörnet, och hon ville vara förberedd ifall hon skulle träffa sin drömprins. Tanken att hon redan hade träffat honom slog henne, men hon sköt Ben ur sina tankar. Det var ingen idé att tänka på honom. Det fick henne bara att känna att framtiden var meningslös.

Miranda letade igenom sitt skrivbord och skrev sedan klart alla nödvändiga papper. Hon delade ut information till de nödvändiga representanterna, avslutade sina telefonsamtal och tittade sedan på klockan. Den var redan 17:15. Här satt hon och gjorde praktiskt taget övertid!

Hon tog sin väska, reste sig och tittade över sin vadderade vägg och insåg snabbt att kontoret var nästan tomt. Hon hade varit så upptagen av sina egna tankar att hon inte ens hade märkt det vanliga tumultet när kollegorna begav sig mot utgångarna. Hon skrattade och tänkte att om brandlarmet hade gått hade hon kanske inte hört det heller.

Snart var hon på väg hem. Miranda stannade till på apoteket och köpte några nödvändigheter: bindor, cigaretter och en stor chokladkaka från Cadbury, och begav sig sedan hem. Ikväll var det hennes mammas tur att laga mat. Miranda såg fram emot att bli bortskämd. Att bo hemma passade henne utmärkt.

KAPITEL 14

CHERYL VAR UPPTAGEN MED att laga middag, medan hennes båda syskon låg på sofforna och stirrade på tv:n. Hon bad Evelyn och Craig flera gånger att komma och hjälpa till att duka bordet för middagen, men hittills utan resultat.

"Evelyn, kom och hjälp mig, snälla", bad Cheryl.

"Jag tittar på det här, det är roligt och jag vill inte missa något."

Varje kväll var det exakt samma sak. Cheryls önskemål om hjälp föll för döva öron. I slutändan fick hon alltid göra allt själv. Hon började bli trött på det hela. Det var inte som om de var upptagna med läxor eller något viktigt, de bara låg och tittade på TV. Cheryl bestämde sig för att ikväll var kvällen då hon skulle ta upp det med sin bror och syster en gång för alla. Hon behövde hjälp, annars skulle hon bli galen.

Hon hade inte haft en paus på månader. Cheryl hade blivit en tjej som bara jobbade och aldrig lekte, och när hon tittade på sig själv i spegeln tyckte hon inte om vad hon såg. Hon planerade att bli mamma en dag, att få egna barn, men att ta över rollen som både mamma och pappa för sina tonåriga syskon fick henne att ändra sig. Hon kände att hon alltid var tvungen att ge dem order: Har du gjort dina läxor? Har du lagt dina kläder i tvättkorgen? Hon tjata på dem om det ena och det andra. För det mesta ignorerade de henne ändå. Ibland rullade de till och med med ögonen åt henne, och det fick henne att nästan tappa fattningen. Hon gick ut för att lugna ner sig.

Cheryl hade hoppats att de skulle vilja hjälpa till. Vilja engagera sig i hur hushållet sköttes dag för dag. Hon visste att de fortfarande kämpade med att anpassa sig till sin mors död, för det gjorde hon också. Det var något de alla hade gemensamt, och ändå var Cheryl säker på att hennes syskon var arga på henne. Hon var tvungen att prata med dem om det. Det var hennes uppgift att få dem att inse att de var ett team.

För ett par kvällar sedan kom Miranda över när Cheryl var på gränsen till sammanbrott, och de pratade till klockan två på natten, drack kaffe efter kaffe medan Miranda rökte som en skorsten.

Cheryl var inte imponerad av Mirandas nya vana, men det var intressant att se förändringen i hennes väns beteende efter bara ett bloss. Hon verkade lugnare och mer avslappnad.

Miranda lyssnade sympatiskt på sin vän, eftersom hon visste hur mycket Cheryl behövde få ut allt i det fria. Hon märkte hur stressad Cheryl hade varit på sistone och hur gammal hon såg ut. Miranda visste att Cheryl behövde en opartisk åsikt. Innerst inne visste Miranda också att Cheryl klandrade sig själv för det som pågick. Hon undrade om hon förtjänade att behandlas så.

"Är jag för sträng, för småsint? Jag känner mig som en riktig häxa just nu. Blåser jag upp saker och ting? Kanske är det bara min fantasi."

"Sluta nu", sa Miranda. "Klandra inte dig själv. Du sliter som ett djur på fabriken och sedan hemma, och de där små rackarna utnyttjar dig."

"Men de sörjer fortfarande mamma, och de har all rätt att vara arga på mig för att jag försöker..." Cheryl brast ut i gråt. Miranda kramade sin vän, medan hon snyftade mot hennes axel.

"Allt kommer att bli bra, Cheryl", sa Miranda. "Du behöver bara prata med dem och sluta stressa upp dig. Livet är för kort."

"Jag vet, jag vet", snyftade Cheryl. "Men de hatar mig, jag vet det. De tror att jag försöker fylla mammas plats, och de vet att jag inte räcker till. Att jag omöjligt kan göra allt lika bra som hon gjorde."

"Hör här, lilla vän", sa Miranda. "Du håller ihop den här familjen. Utan dig skulle de skickas iväg för att bo hos sin mormor i Indiana. De skulle behöva lämna alla sina vänner. Eller ännu värre, de skulle kanske hamna i fosterhem. Du valde inte själv att bli vårdnadshavare för din bror och syster. Det var din mamma som gjorde det. De borde vara tacksamma för dig."

Cheryl kände att en börda hade lyfts från hennes axlar. Ändå fruktade hon idag det samtal som hon visste att hon måste ha med dem.

Hon stirrade ut genom fönstret ett tag. Hon undrade hur Terri och Amadeo hade det.

"Kom och hämta", ropade hon.

Craig tog sin tallrik och började slöa sig tillbaka till soffan i vardagsrummet.

"Ursäkta mig", sa Cheryl med auktoritet i rösten. "Kom tillbaka, Craig!"

"Vad? Jag tittar på ett program där inne."

"När mamma levde var det ingen TV vid måltiderna. Tänk dig vad hon skulle tycka om hon kom in just nu och såg dig sitta där och äta spaghetti Bolognese i hennes soffa?"

"Men hon är inte här!" sa Craig.

"Jag är inte hungrig", sa Evelyn.

"Okej, nu räcker det!" sa Cheryl. "Kom tillbaka Craig och sätt dig. Evelyn, sätt dig också. Snälla."

"Vad är det för problem?" sa Craig. "Varför kan du inte bara lämna oss ifred? Varför måste du tjata om allt hela tiden?"

"För att jag vill prata med er. Jag vill att vi löser det här."

"Löser vad?" sa Craig och Evelyn unisont och tittade på varandra som om de just hade strålats ner till jorden från en annan planet. Craig började leka med sin mat och lindade spagettin runt gaffeln. Han tittade inte upp från sin tallrik. Under tiden var Evelyn upptagen med att titta på bubblorna som steg upp till ytan i hennes glas med coca cola.

"Lyssna. Titta på mig när jag pratar med er!" sa Cheryl. "Jag har fått nog av att ni två inte respekterar mig. Behandlar mig som, som..." Hon brast ut i gråt.

Craig hade ingen aning om vad han skulle göra. Han satt där med spagettin som rullade upp sig på tallriken, nudel för nudel. Evelyn började snyfta. Tårarna föll droppe för droppe i hennes coca cola. Ingen sa ett ord. "Allt jag vill är att vi ska vara en familj igen. Jag vet att jag inte är mamma och aldrig kommer att bli det. Mamma kunde göra allt själv. Hon var en supermamma. Men jag BEHÖVER HJÄLP."

"Varför ber du oss inte bara om hjälp då?" föreslog Craig. "Istället för att beordra oss som om vi vore ett par lakejer. Det här är vårt hus också, vet du."

"Vad?" frågade Cheryl. "Självklart är det ert hus också. Det är vårt hus som familj."

Mer tystnad.

Cheryl försökte bryta den genom att fråga dem hur deras dag hade varit. Enstaviga svar. Det var så olikt dem tre att vara så avstängda från varandra. De hade stått varandra så nära när deras mamma levde och hållit om varandra för stöd vid begravningen och allt, och nu hade något förändrats. Vad det än var måste Cheryl ta reda på det, och idag, nu.

"Vad har jag gjort för att irritera er två?"

Båda svarade unisont 'Ingenting', sedan återgick Craig till sin spaghetti och Evelyn återgick till att fundera över bubblorna i sin Coca-Cola.

"Prata med mig, snälla."

Evelyn tittade på Craig, sedan på Cheryl och sedan tillbaka på Craig.

"Vi vet inte vad vi ska göra längre. Med mamma visste vi vad vi skulle göra, men nu vet vi inte. Allt vi gör är fel", sa Craig.

"Tja, till att börja med är jag exakt samma person. Jag har inte förändrats. Det enda som har förändrats i min vardag är mängden arbete jag har att göra. Jag jobbar hela dagen på fabriken och kommer sedan hem och jobbar. Jag har så mycket att göra och ingen tid att vila och ingen tid för mig själv. Ni kunde hjälpa mig ibland. Ni kunde duka bordet utan att jag behöver be er, eller börja laga middag, eller sätta på tvätten, eller..."

Evelyn avbröt: "Men mamma gjorde alltid det."

"Då behövde vi inte göra det, och allt blev gjort. Nu faller allt samman. Även om vi sätter på tvätten, hur ska det lösa problemen? Vi är alla vilsna utan mamma, och du kan inte ersätta henne. Hur mycket du än försöker, så går det inte."

Evelyn började gråta igen, och snart gjorde Cheryl och Craig henne sällskap.

"Jag vill inte vara hon eller ersätta henne, jag vill bara hålla oss alla tillsammans. Jag förväntar mig inte att du ska göra allt, bara att du hjälper mig ibland. Mamma var en expert. Hon var så organiserad att hon gjorde allt utan att ens fråga oss. Även när hon antagligen kunde ha behövt lite hjälp.

"Hon skämde bort oss. Hon tyckte att det var hennes jobb eftersom hon var hemma hela dagen. Hon hade tid att göra saker när vi inte var hemma. Jag försöker, jag försöker verkligen, men med mitt jobb och allt annat kan jag bara inte göra allt."

Cheryl började gråta, och både hennes bror och syster sträckte ut en hand och höll henne hårt.

Craig bröt tystnaden och sa: "Jag tvättar, hon torkar. Gå och vila dig, okej syster?"

"Tack."

Cheryl gick in i vardagsrummet. Hon vilade sig på soffan, zappade mellan TV-kanalerna och gick sedan tillbaka till köket. Hon stod i dörröppningen en sekund och lyssnade på de två som pratade om sin dag och delade med sig av sina tankar. Hon undrade varför hon hade blivit en outsider. När det hade hänt och vad hon behövde göra för att komma tillbaka.

Hon tog en handduk och sa: "Jag hjälper er."

KAPITEL 15

NÄR DE KOM FRAM till Amadeos lägenhet kunde Terri knappt få andan. Hon var fylld av spänning och förväntan. Hennes hand skakade när hon satte nyckeln i låset och öppnade dörren. Hon kände Amadeos varma andedräkt mot sin nacke.

Hon gick in i ett rum som var fyllt med långstjälkade rosor och gypsophila.

"Det är vackert, helt enkelt vackert!"

"Välkommen till min enkla bostad", sa Amadeo och böjde sig djupt. När han reste sig upp från golvet grep Terri tag om hans hals och kysste honom så passionerat att hans ben vek sig under honom.

Tillsammans föll de omkull på golvet.

"Jag vill ha dig", viskade Terri.

"Och jag dig, men jag har andra planer."

Han reste sig och drog undan gardinerna, vilket avslöjade en spektakulär utsikt över staden.

"Det är underbart, men det kommer fortfarande att finnas kvar, du vet – efteråt."

"Jag tänkte att du kanske ville ta ett bad; det har ju trots allt varit en lång flygresa."

"Jag luktar väl inte illa?" frågade Terri. "Åh, nu blir jag generad."

"Självklart gör du inte det, min älskade, men..."

Någonstans i fjärran hörde Terri det svaga ljudet av kyrkklockor som ringde. De avslöjade Italiens tid med ett enda klockslag.

Amadeo ledde Terri till hennes rum. Han kysste henne passionerat och tog in hennes andetag med sitt eget. Han öppnade dörren och backade sedan undan.

Terri tog tag i hans hand och drog in honom till det dubbla säng som stod framför henne.

Telefonen ringde.

"Låt den ringa", sa Terri.

"Det kan vara jobbet."

"Mmmmmmm", sa Terri och kysste Amadeo på pannan, på läpparna, på fingertopparna.

Hans mobiltelefon ringde.

"Uh, hej, okej, jag är där om tio minuter. Håll ställningarna. Jag måste gå, älskling, det är en kris på jobbet."

"Det kan väl vänta, jag har ju precis kommit."

"Nej, det kan det inte. Jag är snart tillbaka, känn dig som hemma. Ta ett bad. Gå till byn. Det tar nog inte mer än ett par timmar." Dörren stängdes bakom honom.

Terri tittade på allt i sitt rum. De små rosenbladen på den vita spetsen och rosenbladen utspridda över golvet. Rummet var magiskt. Terri gick tvärs över rummet och tittade på sin spegelbild.

Vilken röra! Inte konstigt att han sprang iväg härifrån... Jag går och tar ett bad.

Hon satte sig i badkaret och nynnade på "That's Amore".

Det knackade på dörren.

"Är du klädd?" Det var Amadeo. Han hade inte gått ännu.

"Jag är täckt av bubblor, om det är det du menar."

Han öppnade dörren och tittade in.

Terri rodnade från topp till tå – lyckligtvis var de flesta röda partierna dolda under bubblorna.

Amadeo ställde upp ett litet bord precis bredvid badkaret. Han öppnade en flaska champagne och hällde upp den i ett kristallglas.

"Njut", sa han och backade ut genom dörren.

"Nej, vänta! Ska du inte göra mig sällskap?"

"Inte den här gången, men tack för erbjudandet."

Dörren stängdes bakom honom. Terri hörde en annan dörr stängas. Den här gången var han verkligen borta.

Hon drack ett glas champagne. Hon lade sig tillbaka och slappnade av i de lyxiga bubblornas famn. Terri tänkte på Amadeo och fick gåshud över hela kroppen. Bara beröringen av hans hand fick hennes hjärta att slå fortare. Hon ville ha honom så mycket, mer än hon någonsin trott att hon kunde vilja ha någon.

Hon föreställde sig att hon klev ur badkaret och gick fram till honom, täckt endast av tvålskum. Hon gav sig till honom. Hon gav efter för passionen. Det var så överväldigande att hon knappt kunde andas.

Hon hade somnat. Allt var bara en dröm.

Hon stängde ögonen igen och lät fantasin flöda. Hon jagade Amadeo. De befann sig i en skog. Han verkade försöka fly från henne. Varför? Hon fick panik och var rädd att hon hade förlorat honom. Hon var förvirrad och full av rädsla över varför han betedde sig så. Förlorad, ensam, satte hon sig ner. Hon kände sig besegrad och överväldigad av känslor.

"Terri älskling. Terri."

Amadeo ropade verkligen på henne.

"Några minuter till, jag klär bara på mig."

"Slappna av, njut. Krisen är avvärjd och jag behöver inte gå till kontoret trots allt. Så jag kommer att arbeta i mitt rum."

Hon hörde hans fotsteg när han gick bort från dörren och längs korridoren.

Terri kunde inte låta bli att undra över de kvinnor Amadeo hade varit med tidigare. Hon undrade hur hennes kropp skulle stå sig i jämförelse. Vad skulle han tycka när han såg henne naken? Sedan började hon tänka på att se honom naken. Hon hade aldrig sett en man naken förut. Inte ens i en tidning. Hon kunde knappt bärga sig!

Hon svepte en handduk om sig, gick nerför hallen och var nära att gå in i sitt rum. Hon tittade nerför korridoren. Amadeos dörr var stängd.

Hon undrade om han var där inne och väntade på henne. Kanske var han avklädd, i sängen. Kanske var han helt naken, värmde lakanen och väntade på henne.

Hon gick nerför korridoren och lämnade vattendroppar efter sig. Hon lyssnade vid dörren. Det var tyst.

Skulle hon vrida på dörrhandtaget? Skulle hon gå in i hans rum?

Telefonen ringde i vardagsrummet. Sedan ringde en mobiltelefon.

Hon sprang tillbaka till sitt rum och stängde försiktigt dörren bakom sig. Hon tog ett djupt andetag och klädde på sig. Hon tog på sig en gul klänning med blå blommor på kragen och kjolens kanter. Hon såg lite ut som en kanariefågel.

Hon gick ut ur sitt sovrum och stängde dörren bakom sig.

KAPITEL 16

VARDAGSRUMMET PRATADE AMADEO i telefon. Han hade inte varit i sitt sovrum alls! "Men jag trodde att du hade ordnat allt. Jag kan inte återvända till kontoret idag! Jag har en gäst!" Han tittade på Terri och började sedan gå fram och tillbaka. Han sa: "Ja, ja, jag ringer tillbaka om en stund" och lade sedan på luren. Han gick lugnt fram till henne. "Terri, du ser ut som en ängel. Var är dina vingar?"

"Kom hit så ska jag visa dig", sa Terri.

"Löften, löften." Han gick fram till henne och tog henne i sina armar. Mobiltelefonen ringde igen. "Hallå, ja, okej, okej. Jag är där om tio minuter. Ta det lugnt! Jag är ledsen, älskling, jag måste gå."

"Jag förstår. Jag vill inte att du går, men jag kan ju inte hålla dig för mig själv, eller hur?"

"Jag är helt din när allt är ordnat – under tiden kan du gå nerför gatan där du hittar en liten marknad. Bestäm vad du vill ha till middag, om du känner för att laga mat kan vi stanna hemma eller gå ut när jag kommer tillbaka."

"Finns det någon bank i närheten, jag behöver växla några resecheckar."

"Det behövs inte idag, här är lite kontanter. Njut, unna dig något, så kommer jag tillbaka så fort jag kan." De gick nerför trappan tillsammans, hand i hand. Amadeo kysste Terri farväl och gick iväg. Hon vinkade farväl och kände sig plötsligt väldigt ensam. Hon tittade nerför gatan till höger och såg några barn som spelade fotboll. Hon tittade på dem medan de spelade. Ett av barnen stuck ut tungan åt henne. Hon gjorde samma sak tillbaka.

Hon undrade om Amadeo ville ha barn. Terri ville verkligen ha barn. Många barn. Hon ville ha minst fem, kanske fler – men det var ingen brådska.

När hon gick längs den kullerstensbelagda gatan började det regna och bildade mönster på hennes gula klänning. Hon duckade in i en port och väntade. Denna del av staden var hisnande vacker. Den hade karaktär. Allt såg så gammalt och traditionellt ut. Hon såg en bokhandel på hörnet och sprang dit.

Hon bläddrade men köpte ingenting, och regnet upphörde. Hon köpte en bit pizza, åt en jordgubbsglass och drack en cappuccino på ett kafé.

Hon samlade ihop så mycket matvaror hon kunde bära och gick tillbaka till lägenheten. Hon skulle laga lasagne och sallad. Hon satte lasagnen i ugnen och skär upp salladen. Hon sjönk ner i soffan och väntade. Tre timmar senare hade Amadeo fortfarande inte dykt upp. Hon började känna sig ensam. Hon bestämde sig för att ringa Miranda.

"Hej, varför ringer du mig mitt i natten?" frågade Miranda.

"Är det, åh, förlåt."

"Jag var vaken och tittade på en repris av en gammal Cary Grant-film, Penny Serenade. Så, vad är det? Hur mår Amadeo? Hur mår du? Hur är det i Italien? Har ni gjort det än?"

"Jösses, du går verkligen rakt på sak, va?" Terri skrattade. "Amadeo är underbar, otroligt underbar, och han är ute på jobbet. Jag mår bra, men känner mig lite ensam och vi har inte gjort något än."

"Det är ingen brådska, du vet. Vänta tills det känns rätt."

"Tack, mamma."

"Åh, jag tror Amadeo är tillbaka. Jag måste gå. Vi hörs."

Terri sa snabbt hejdå till sin vän och la på innan Miranda ens hann säga något. Hon skyndade sig att hälsa på Amadeo – som om han hade varit borta i månader. Hon tog tag i honom och kysste honom.

"Det är skönt att komma hem till dig."

Amadeo var ganska glad över att gå ut tidigare, eftersom saker och ting utvecklades lite för snabbt för hans planer. Han började bli upphetsad – och var orolig för att han skulle ge efter för sin passion. Det var frestande att inte göra det.

Han hade faktiskt löst nödsituationen på telefon, men han var orolig för att komma tillbaka direkt. Han visste att hon ville ha honom. Han visste att han inte kunde fortsätta motstå, så han slutade med att gå runt. Han såg på henne när hon drack sin cappuccino, när hon åt sin pizza, när hon smakade på sin gelato. Hon drev honom till vansinne. Han ville ha henne så mycket, och han ville inte vänta mycket längre. Och ändå visste han att han måste vänta. Han visste att han måste se till att allt var perfekt.

"Låt oss sätta oss och prata", sa Amadeo, tog Terris händer i sina och kysste dem en efter en. "Jag har tänkt på dig, på oss."

Terri försökte avbryta honom. Amadeo lade sitt pekfinger på hennes läppar och fortsatte.

"Jag måste säga detta; jag vill säga det till dig nu."

Terri nickade.

"Du är kvinnan jag har drömt om hela mitt liv. Jag trodde aldrig att jag skulle träffa henne. Kvinnan jag drömde om, och nu är hon här. Det är du. Du är min vän, min själsfrände, och med dig är jag hel. Jag vill inte att vi ska vara ifrån varandra. Aldrig."

Amadeo sjönk ner på sitt högra knä och sträckte sig in i jackfickan. Han tog fram ett litet smyckeskrin, öppnade det och tog fram en ring.

"Jag vill att du gifter dig med mig, idag, imorgon, låt oss bli ett. Låt oss leva som man och hustru. Vill du?"

Terri kunde inte ha varit mer överraskad. Hon hade inte förväntat sig detta, inte idag, inte så snart. Hon lutade sig mot honom, tog hans huvud i sina händer och kysste honom passionerat på pannan och sedan på läpparna. Hon stannade inte där; hon gick ner till hans bröst, knäppte upp hans knappar och kysste honom försiktigt, sedan tillbaka till hans mun.

"Betyder det ja?"

"JA! JA!"

De rullade av soffan och landade på golvet. De rullade runt, ingen av dem ville sluta.

"Jag vill vänta", sa Amadeo och sköt bort Terri.

"Vad? Du vill vänta?"

Terri drog sig tillbaka och såg honom i ögonen. Han ville vänta. Hon hade velat vänta, tills hon var gift för resten av sitt liv. Han gjorde detta för hennes skull.

"Jag älskar dig Amadeo!"

KAPITEL 17

MIRANDA VAR I KÖKET. Det var hennes tur att laga mat åt föräldrarna, men hon var tvungen att gå ut. Hon lagade spaghetti bolognese och skrev en lapp till sina föräldrar.

Varför gick jag med på den här blinddejten? Jag måste ha varit helt galen!

Janice, en ny vän på jobbet, hade försökt para ihop Miranda med sin bror i ett par veckor.

"Han är perfekt för dig, Miranda", sa Janice varje gång hon såg Miranda på jobbet. Varje gång de stötte på varandra på toaletten. Varje gång de passerade varandra i korridoren. Miranda hade några vänner som höll utkik efter Janice för att varna henne i förväg. Tyvärr sov en av dem vid ratten.

"Mirrrrrrannnnnnndaaaa!" sa Janice. "Jag har letat överallt efter dig. Vi har en middagsbjudning på lördag kväll. Mycket informellt. Min bror skulle gärna träffa dig. Säg att du kommer, snälla."

"Eh, på lördag är jag upptagen, jag måste laga mat åt mina föräldrar."

"Det är ingen ursäkt. Beställ mat – så kan du vara med oss då. Underbart! Underbart! Min bror längtar efter att träffa dig. Han hämtar dig klockan 7. Hej då."

Sedan dess fick Miranda veta att tre andra par skulle vara på restaurangen. Detta gjorde att hon kände sig lite mindre bitter över att ha blivit överraskad.

Varför, varför gick jag inte med på att träffa honom på restaurangen?

Miranda tog på sig en outfit, tog av den och provade en annan. Hon gjorde detta upprepade gånger och bestämde sig slutligen för sin tvådelade kostym. Sedan gick hon fram till spegeln och kollade sin sminkning. Hennes smink bestod av mascara, foundation, rouge och ett lätt läppglans. Hon hade inte överdrivit det. Hon tittade på sig själv i helfigursspegeln och slätade ut en eller två rynkor som hade samlats runt midjan. Hon sprutade lite parfym på sig, kammade håret, satte i lite hårspray och gick tillbaka ut till köket.

Miranda sträckte sig efter en cigarett, som hon desperat behövde för att lugna ner sig.

Oro ger dig rynkor i ansiktet.

Som alltid var det första draget det bästa, och när hon drog in röken kände hon att det gav henne den modskick hon behövde.

Miranda funderade på vad hon hade på sig och undrade om hon hade överdrivit. Hon hade på sig sin svarta kostym, med en söt spetsblus med hög krage, svarta pumps och svarta strumpor.

Lappen ligger där – redo, ifall att, men jag hoppas verkligen att mamma kommer hem snart. Kanske kan hon och jag då komma överens om ett system. Jag kan gömma mig i mitt sovrum och om han är en nörd eller en total förlorare kan hon säga till mig. ..Då kan hon säga att jag är sjuk eller något. Men då skulle Janice vara efter mig igen på måndag och varannan dag resten av mitt liv. Hon är jävligt envis. Jag kan lika gärna få det här överstökat här och nu.

Bing-bong.

Miranda stod som förstenad.

Bing-bong.

Miranda släckte sin cigarett. Hon slätade ut framsidan på sin jacka och kikade genom nyckelhålet. Allt hon kunde se var hans bröst, så hon visste en sak med säkerhet: Han var lång. Hon öppnade dörren.

Där stod han. Utan att le.

Mirandas första intryck? Ordet tönt kom till henne. Ja, tänkte hon, tönt beskrev honom. Han hade tjocka glasögon med svarta bågar (du vet den sorten Buddy Holly hade) och en svart kostym. När de två stod bredvid varandra såg det ut som om de var på väg till en begravning.

"Miranda?", sa han och räckte fram handen.

Den var svettig. Miranda kunde inte förstå varför han sa hennes namn som om det var en fråga.

"Hej Lance, jag ska bara hämta min handväska."

Hon förbannade Janice i tysthet för att hon hade belastat henne med sin nördiga bror och hoppades att hon skulle klara sig igenom kvällen. Inte konstigt att han inte kan få en dejt själv!

Mirandas ansikte rodnade; hon var inte precis Miss America.

Han körde en splitterny grön BMW.

"Åh, utmärkt bil – jag älskar interiören."

"Tack." Han log.

Miranda lade märke till hans trevliga leende. Hon sträckte sig in i väskan, hittade en cigarett och tände den.

"Eh, jag är allergisk mot rök", sa Lance.

Det var ju typiskt, tänkte Miranda.

"Nämnde inte Janice det? Hon har bokat ett bord åt oss i den rökfria delen. Jag hoppas att du inte har något emot det?"

Miranda suckade och tänkte på hur intressant det skulle vara att gå på en dejt med någon som var extremt allergisk mot rök utan att veta om det. Han kanske skulle få ett anfall. Eller få utslag. Vilken minnesvärd första dejt det skulle bli!

"Inga problem", sa Miranda, "jag är inte någon kedjerökare eller så. Jag är bara lite nervös, en sällskapsrökare så att säga. Gör det något om jag sätter på lite musik?"

Radion var redan inställd på Oldies-kanalen.

"Jag lever för oldies. Det hjälper att fördriva tiden när man sitter fast i trafiken. Vilken sorts musik lyssnar du på hemma?"

"Jag lyssnar på allt från Black Sabbath till Tony Bennett till Robbie Williams", berättade Lance.

"Det är en eklektisk samling! Jag är likadan, jag gillar allt med en medryckande refräng, The Beatles, U2, om musiken är bra, då är jag med."

Lance gillade Miranda direkt. Han tyckte att hon hade ett sött ansikte. Han gillade hennes skratt, hennes självförtroende och hennes stilkänsla. Det enda han inte gillade med henne var att hon rökte, men kvällen var fortfarande ung. Han var säker på att han förr eller senare skulle hitta något att anmärka på hos henne.

Efter att de hade pratat om musik blev det tyst i bilen. Lance önskade att Miranda inte var rökare. Han önskade också att hon skulle säga något, vad som helst, för tystnaden var nervpåfrestande.

Lance hade inte varit på en dejt på månader. Han jobbade dygnet runt för ett fastighetsbolag – att ha ett socialt liv var inte en prioritet. De enda kvinnor han träffade var kunder, förutom de två som jobbade för honom. Båda var för riskabla, så han brydde sig inte om dem.

Sedan berättade Janice om Miranda och fortsatte att tjata på honom tills han till slut gav efter. Han var orolig för att hon skulle vara en slampa, men det var hon inte alls. Han oroade sig också för pengasugna kvinnor eftersom han förra året tjänade över sexsiffrigt.

Äntligen kom de fram till restaurangen och det började regna. Lance släppte av Miranda vid dörren så att hon inte skulle bli blöt och parkerade sin bil. Han lät ingen annan köra sin bil, särskilt inte parkeringsvakter.

Han såg henne på trappan, där hon rökte.

Miranda försökte ta några bloss för att få dem att räcka längre när han närmade sig henne. Hon släckte cigaretten och de gick in.

De andra gästerna hade redan anlänt: Janice och hennes man Frank (de var nygifta och det var därför Janice ville att alla andra skulle få uppleva äktenskaplig lycka), Sandy och Harrison (Miranda hade träffat dem på en julfest en gång, Lance kände dem mycket väl) samt Diane och Larry, ett par från jobbet. När Miranda och Lance närmade sig bordet reste sig alla de andra och hälsade de nyanlända varmt välkomna.

Lance drog ut stolen åt Miranda och väntade tills alla kvinnorna hade satt sig innan han själv satte sig. Så var det inte med männen.

"Två flaskor Dom Perignon", sa Lance till servitören. Miranda visste hur dyrt Dom Perignon var. Faktum var att hon aldrig hade provat det förut. När glasen var fyllda hölls en skål.

"Skål för Lance och Miranda, må detta bli den första av många dejter!" sa Janice.

Miranda rodnade. Det gjorde Lance också. De skålade alla med varandra.

Miranda och Lance såg inte vad de andra såg. De passade perfekt ihop. De kontrasterade varandra – Lance med sina djupblå ögon och sitt blonda hår, Miranda med sina djupgröna ögon och sitt röda hår. Samtidigt kompletterade deras mörka kostymer varandra. Det var ett par som var gjort i himlen – om de bara kunde övertyga de två om att det var så.

Samtalet var förstklassigt. Sällskapet var av hög kvalitet. Miranda hade det fantastiskt roligt. Hon drack champagne och skrattade. Hon var attraherad av Lance. Han var mycket reserverad och tystlåten, men samtidigt världsvan med omfattande kunskap. När någon inte visste något, så visste Lance det. Om de inte kunde komma ihåg en faktauppgift, så kunde Lance det. Han var som en mångsysslare. Miranda tänkte att han skulle kunna tjäna en förmögenhet på Jeopardy!

Lance hade det fantastiskt roligt. Han ville att Miranda skulle bidra mer. Just nu verkade hon bara sitta där och ta in allt. Han undrade om hon var blyg. Han tänkte att det kanske skulle hjälpa att ta upp ett ämne som hon kände till men som ingen annan gjorde. Han försökte minnas vad hans syster hade berättat om henne. Han mindes att hon hade sagt något om Australien. Han var fascinerad av Outbacken. Han bestämde sig för att fråga henne om det.

"Jag har hört att du var i Australien förra året. Vad tyckte du om de australiska männen?"

Lance såg ett moln dra över Mirandas ansikte. Han visste inte vad han hade sagt som upprörde henne, men han visste att han hade sagt något fel. Miranda ursäktade sig och sprang ut ur rummet.

"Vad är det?" sa Lance. Han sprang efter henne.

Miranda stod i regnet. Tårar strömmade nerför hennes kinder. Hon skakade.

Han tog av sig jackan och lade den runt hennes axlar. Han höll om henne. Han visste inte varför, men han visste att hon var vilsen någonstans och allt han ville var att skydda henne från vad det än var som orsakade hennes smärta. Miranda höll sig fast vid honom, som om han var en livboj.

"Jag kör dig hem."

Det var en lång bilresa med bara ljudet av vindrutetorkarna som susade över glaset.

"Det var trevligt att träffa dig", sa Lance när Miranda klev ur bilen. Han tyckte sig höra henne säga "tack", men han var inte säker.

Han körde tillbaka till restaurangen.

"Jag körde hem Miranda. Jag fattar inte. Varför sprang hon iväg?"

"Du gjorde henne upprörd, din idiot, när du nämnde killar i Australien", sa Janice.

"Hur då?"

"Minns du att jag berättade om en vän som åkte till Australien och träffade en kille och blev kär, och sedan blev killen dödad av en smitningsförare?"

"Ja, vad är det med det?"

"Den tjejen var Miranda."

"Åh, jag är så ledsen. Jag känner mig som en sån idiot, och allt jag försökte göra var att inkludera henne i samtalet. Jag gillar henne verkligen."

"Säg det inte till oss, säg det till henne", sa Janice.

Jag vill träffa henne igen, men hon tror nog att jag är en okänslig idiot. Det måste finnas ett sätt. Om det finns det – ska jag hitta det.

KAPITEL 18

MIRANDA HÄLLDE UPP EN shot ren whisky och drack den i en klunk. När den brännande känslan i halsen hade lagt sig märkte hon att en lugnande känsla spred sig i kroppen. Hon hällde upp en dubbel till och lade denna gång i lite is. På väg till badrummet smuttade hon på drinken medan hon tog av sig sina våta kläder och hoppade in i duschen.

Vattnet kändes skönt när det träffade hennes hud. Hon vände på kranen så att vattnet blev så varmt hon kunde stå ut med. Det väckte minnen från duschen hon tagit efter våldtäkten. Hon stod där i trettio minuter, snyftande, gråtande och skrikande och önskande att tomheten skulle försvinna.

Ingen hade hållit om henne sedan Ben. Ingen pratade med henne om honom. Plötsligt var han allt hon kunde tänka på. Hon ropade på honom. Hon visste att han aldrig skulle vara där för henne. Hon behövde någon i sitt liv. Hon kunde inte fortsätta så här, som en änka när hon aldrig hade haft något bröllop eller någon smekmånad. Förtjänade hon inte lite lycka i sitt liv?

Hon tänkte på Lance. Hon hade betett sig som en komplett idiot. Det var champagnen. Den förbaskade champagnen! Hon tog tag i whiskyglaset. Det droppade av kondens. Hon drack upp det i en klunk och lät det varma vattnet fortsätta rinna, så att badrummet blev som en bastu. Hon klev ut ur duschen och svepte en handduk runt kroppen. Hon satte sig på toalettstolen, lade huvudet i händerna och grät lite till. Hon var glad att hennes föräldrar inte var hemma och hörde henne gråta så här. Hon älskade sitt jobb, men det räckte inte. Hon ville ha mer. Hennes liv verkade flyta på utan att ta henne någonstans. Hon hade så mycket att ge, men hon visste inte hur hon skulle få det, hur hon skulle be om det.

Lance var extremt snäll mot henne. Hon njöt av att vara i hans famn och känna hans bröst höjas och sänkas medan hon grät mot det. Hon skämdes över sig själv och tänkte att han nog var glad att bli av med henne.

Han var ung, han var snygg och han var väldigt smart. Dessutom hade han en splitterny BMW. Vissa tjejer skulle göra vad som helst för en kille som han. Miranda hade en gång trott att första intrycket var allt som räknades. Nu insåg hon att det inte betydde någonting.

Lance var inte töntig, han var snäll. Han var lite som Ben.

Hon satte sig upprätt. Hon gick fram till spegeln och tittade på sig själv.

Ben skulle gilla Lance. Lance skulle gilla Ben.

När hon tittade på sin spegelbild fattade hon ett par livsavgörande beslut. Beslut nummer ett var att sluta röka tvärt. Beslut nummer två var att gå med i ett gym, pronto. Beslut nummer tre var att be Janice om Lances telefonnummer.

KAPITEL 19

C HERYLS HUSHÅLL VERKADE FUNGERA ganska smidigt. Alla hjälpte till och gjorde sin del, så mycket att Cheryl bestämde sig för att hon ville göra något speciellt för Craig och Evelyn. Hon hade sparat sina slantar och smidit planer. Det var en stor hemlighet, eftersom hon planerade en lång weekendresa för alla tre. Hon bokade biljetter till Disney World i Florida. Hon var så uppspelt över planerna att hon knappt kunde hålla sig från att berätta för dem, men hon väntade till torsdagen före den långa helgen och ropade ÖVERRASKNING! och gav dem sina biljetter.

Craig var uppspelt, men han skulle starta i en basebollmatch på lördagen, så han var tvungen att förhandla med tränaren för att slippa spela. Till slut var tränaren förstående och sa: "Hur ofta får du chansen att åka på en sådan resa där alla kostnader betalas? Åk och ha kul. Vi håller ställningarna här.

Dessutom spelar vi bara mot Northwestern. Inga problem!"

Evelyn hade en dejt, men hon kunde avboka och boka om till följande fredag.

Spänningen i deras hushåll var elektrisk när de packade sina väskor och gjorde sig redo att åka till flygplatsen. Cheryl bad Miranda att kolla till huset och se till att växterna och fiskarna blev omhändertagna. Miranda frågade om hon kunde husvakta. Båda tyckte att det var en perfekt lösning.

Cheryl var bara glad att Miranda kunde bo hos henne och vaka över huset. Nu behövde hon inte oroa sig för något. Hon visste att Miranda just hade slutat röka och hoppades att det inte skulle bli för frestande för henne att vara ensam i huset.

Innan hon åkte kramade hon Miranda och sa: "Du vet att det är förbjudet att röka i vårt hus."

"Jag vet, jag vet, mamma."

Miranda hade varit cigarettfri i nästan en vecka nu och hon tänkte fortsätta så. Naturligtvis hade hon upptäckt en ny passion – CHOKLAD – och hon hade gott om det hemma. Särskilt de chokladöverdragna cigaretterna.

Flygresan var kort, men en nyhet för Craig och Evelyn eftersom de aldrig hade flugit förut.

"Mamma skulle ha älskat Disney World", sa Craig.

"Ja, det är fantastiskt, Cheryl, men samtidigt känner jag mig lite skyldig över att vi har så roligt. Det har inte gått så lång tid."

"Mamma skulle inte vilja det. Hon är här med oss, och pappa också – så låt oss ha det roligaste vi någonsin haft. Det är vad de skulle vilja att vi gjorde!" De klev av planet och gick direkt till Budget-Rent-a-Car och hyrde en stor Ford. De hade inte med sig mycket mer än handbagage, eftersom de bara skulle vara i Florida över helgen. Att resa lätt var något Cheryl lärt sig när hon reste till Australien. Vad de än behövde skulle hon köpa. De körde genom Tampa, beundrade landskapet och stannade till och med för att titta på stranden. Det var en sval dag med stark vind, och de huttrade alla när de stod där och tittade på vågorna. De gick tillbaka till bilen och körde sedan vidare till Orlando, där de anlände sent på kvällen.

De var alla utsvultna, så de beställde rumsservice och bestämde sig för att gå och lägga sig tidigt. De skulle vara utvilade inför den stora dagen i morgon, när de skulle åka till Disney World. Hilton hade en enorm frukostbuffé som de kunde äta först, och sedan en buss som skulle ta dem direkt till Disney World. Det var ännu bättre eftersom de inte behövde oroa sig för parkering. Craig och Evelyn somnade direkt.

Cheryl tillbringade natten med att titta ut genom fönstret och tänka på sin mamma och pappa. Hon kände sig också skyldig för att hon hade roligt utan dem – men hon tänkte inte låta sin bror och syster få veta det.

KAPITEL 20

M IRANDA FICK EN OVÄNTAD inbjudan från Lance.
Han ville börja om och ha deras första dejt.
Miranda blev så glad när han ringde, för hon
hade själv funderat på att ringa honom.

När hon öppnade dörren denna gång tappade
hon hakan. Utan glasögon var Lance väldigt snygg –
ungefär som Ryan O'Neil i What's Up Doc.

"Wow Lance, jag gillar dina kontaktlinser."

"Tack, Miranda. Och innan vi går vill jag bara säga
hur ledsen jag är för att jag trampade i klaveret."

"När? Jag tror inte att vi har träffats förut. Kom ihåg
att det här är vår första dejt. Så, hur står det till,
Lance?"

De skrattade medan de gick mot bilen.

Miranda och Lance pratade i telefon i över en
timme. De hade mer gemensamt än de trott. Båda
älskade poesi och litteratur. De hade läst några
av samma böcker. De älskade gamla filmer. Båda

spelade tennis – även om Miranda inte hade rört en racket på flera år. Lance bjöd in henne att spela med några av hans kollegor som spelade varje helg. "Du ser jättefin ut", sa Lance. "Jag tänkte säga det där borta, men du förvirrade mig när du nämnde kontaktlinserna."

"Tack", sa Miranda.

Han märkte hennes parfym för första gången när han stängde bildörren. Innan hade han bara kunnat känna lukten av cigaretter, och den hade nästan slagit honom omkull. Nu kunde han inte känna något av den.

"Jag har slutat röka", erkände Miranda. "Jag slutade tvärt och har varit rökfri i nästan tre veckor nu."

"Grattis!"

Lance var stolt över att hon tagit detta initiativ och sa det också. Han tyckte att något var lite annorlunda, kanske hade hon gått upp ett par kilo, men han ville inte säga något. Hon såg extremt frisk ut. Miranda var den typen av tjej som lätt kunde bära några extra kilo. Det gjorde henne faktiskt mer kurvig och sexigare. Särskilt för Lance, eftersom han inte alls var attraherad av de magra, anorektiska modellerna som media försöker mata män med varje dag. Tjejerna på hans kontor hade gått på det med hull och hår och såg alla likadana ut. Några av dem var som vandrande tändstickor med enorma bröst och han undrade ofta hur de kunde hålla sig upprätta. Lance skrattade högt.

"En penny för dina tankar."

Lance berättade inte vad han tänkte. Han kände henne inte tillräckligt väl. Ännu.

De kom fram till biografen, tittade på filmutbudet och bestämde sig för att se en komedi, Woody Allens senaste film Anything Else. De båda tyckte om hans tidigare filmer och var på humör för hans typ av humor. De två timmarna flög förbi; de njöt av varje minut av filmen och gick sedan ner på gatan för att äta pizza och dricka ett glas vin.

De pratade medan de gick och det verkade som om konversationen inte skulle ta slut den här kvällen. Det var inte längre någon obekväm stämning. Att prata i telefon verkade ha lindrat den där känslan av nyhet och deras relation hade nått en ny nivå.

Lance hade inte många vänner; han hade aldrig varit nära någon under sin uppväxt. Han hade en gång haft en bästa vän, men den personen hade flyttat och han hade tappat kontakten med honom. Annars var han ganska ensam. Hans syster Janice försökte alltid para ihop honom med någon, få honom att gå ut och träffa hennes vänner, och ofta tyckte han att det var helt okej, men den här gången kände han att en vän som Miranda var precis vad han behövde. Innerst inne visste han att han ville ha mer än en vän, en förtrogen, en älskare, en fru, men först och främst ville han att de skulle vara vänner, och det var de redan.

Miranda pratade och pratade om hur det var att bo hos sina föräldrar igen, och Lance bara tittade på henne. Hon var en så livlig talare att han inte kunde ta ögonen från henne. Han köpte en flaska vin, smakade på den för servitören och sedan skålade de för sin utekväll och sa båda att de hade haft en underbar tid och måste träffas igen snart. De bestämde en träff för följande fredag och beslutade att träffas på lördag morgon för en tennismatch. Lance sa att han skulle fixa två andra att spela med dem och verkade inte bry sig om att Miranda inte hade hållit i en racket på ett tag. Han var glad att hon hade en egen. Det var ett gott tecken att hon ville spela, men bara inte hade någon att spela med. De var tvungna att spela tidigt på morgonen, klockan 7, eftersom Lance hade ett öppet hus att gå på mitt på förmiddagen.

De kysste inte varandra när de skildes åt.

"Vi ses på fredag", sa Lance, "jag ringer dig med detaljerna."

"Ser fram emot det, vi hörs snart!"

KAPITEL 21

TERRI VAKNADE OCH SÅG sig omkring i sitt rum. Hon kände sig så lycklig de senaste veckorna och kunde knappt tro att hon skulle åka hem på helgen. Om bara två dagar skulle Terris resa vara över och hon skulle behöva återvända hem ensam.

Amadeo föreslog att de skulle rymma, men Terri hade bara ett resevisum. Amadeo var inte italiensk medborgare, så att rymma skulle inte lösa deras problem. De skulle fortfarande vara tvungna att vara åtskilda.

Terri grät när hon tänkte på att de skulle skiljas åt, och Amadeo hörde hennes snyftningar när han gick förbi hennes dörr.

"Är du okej, min älskade?"

Terri grät ännu mer. Han gick in i hennes rum och tröstade henne.

De ville tillhöra varandra, men det verkade omöjligt.

KAPITEL 22

HERYL, CRAIG OCH EVELYN kastade sig över den stora frukostbuffén och åt lite av allt som fanns. De åt pannkakor med varm lönnsirap, bacon, ägg, flingor, fattiga riddare, kaffe, apelsinjuice och rostat bröd, och när de hade hämtat mat för andra gången var de alla redo att åka till Disney World. De hann precis med bussen klockan 10, visade upp sina dagskort och resan kunde börja. Det var en kort resa, vilket var tur eftersom Craig och Evelyn knappt kunde hålla tillbaka sin spänning. Snart hade de ställt sig i kö för att vänta på att parken skulle öppna och släppa in dem genom huvudentrén. De kunde inte se så mycket bortom entrén och spänningen började bli olidlig, men det dröjde inte länge innan de var först i kön och kunde promenera runt i parken.

De bestämde sig för att gå runt och låta frukosten sjunka medan de kollade in åkattraktionerna de ville åka först. Det var köer. Med tanke på hur mycket mat de hade ätit var den längsta väntetiden det bästa valet.

Mickey och Minnie Mouse kom förbi och de tog bilder med dem. Mickey flirtade oavbrutet med Evelyn tills Minnie jagade bort honom. Till och med mössen tyckte att Evelyn var vacker.

Klockan 21 hade de åkt alla åkattraktioner, sett alla utställningar och deras fötter värkte.

"Jag orkar inte gå ett steg till", sa Craig. "Jag sover på en parkbänk om jag hittar en."

"Nästa buss går inte förrän klockan 22", sa Cheryl.

"Titta, fyrverkeriet börjar! Vi sätter oss här och tittar. Det får tiden att gå", föreslog Evelyn.

"Bra idé", sa Cheryl och Craig.

De utbrast i beundrande utrop när fyrverkerierna lyste upp himlen.

"Det perfekta slutet på en perfekt dag", sa Cheryl och kramade Evelyn med sin vänstra arm och Craig med sin högra arm medan de alla tittade på fyrverkerierna som steg upp, över och runt Cinderellas slott.

I morgon skulle de åka till Universal Studios, och det skulle bli ännu en utmattande dag, men det förde dem tre närmare varandra än någonsin tidigare. Cheryl älskade att se sin bror och syster så glada. De hade inte skrattat så mycket på länge.

Äntligen kom bussen. När de kom tillbaka till hotellet var de så utmattade att de somnade direkt – fullt påklädda.

KAPITEL 23

ÖRDAG MORGON KOM SNART. Det var dagen då Terri skulle lämna Rom. Hon tittade på klockan; den visade 8 på morgonen och hon visste att hon måste vara på flygplatsen om knappt två timmar. Hon ville inte gå upp ur sängen. Hon drog täcket över huvudet och hoppades att dagen skulle försvinna. Hon hoppades kunna vrida tillbaka tiden, men det gick inte. När hon tittade över täcket hade tiden gått några minuter och hon hörde Amadeos fotsteg i hallen.

"Vakna, älskling", sa han. "Vi måste skynda oss för att hinna till ditt flyg i tid."

Terri var inte alls road av Amadeos glada röst. Hon förväntade sig att han skulle känna samma sak som hon, att hans hjärta skulle slitas itu när de skildes åt, men uppenbarligen kände han inte så. Hon satte fötterna på golvet och gick mot badrummet.

Amadeo var redan i duschen, så hon gick in i köket, hällde upp en kopp varmt kaffe, svart utan socker, och drack den snabbt. Hon gillade den heta, brännande känslan när den rann ner i halsen. Det påminde henne om att hon fortfarande var vid liv. Hon drack kopp nummer två, men den här gången tillsatte hon två skedar socker. Hon kände att hon behövde det för att klara dagen. Ändå tänkte hon att det kanske inte skulle vara så svårt för Amadeo att se henne gå genom portarna, och det gjorde henne ganska arg och besviken.

Terri visste att Amadeo hade sitt eget liv i Rom, ett liv som började långt innan hon kom in i bilden. Amadeo älskade sitt liv, och han älskade Rom. Hon undrade vilket han älskade mest. Hon kramade om sig själv, hällde upp en skål med flingor och satte sig och knaprade.

Tänk, tänk! Jag vill inte lämna honom. Men vad kan jag göra?

Terri tyckte alltid att det hjälpte henne att tänka när hon åt, men inga svar kom. Bara tvivel. Hon undrade om deras gemensamma beslut att vänta tills de var gifta var en dålig plan från hennes sida. Han var ju trots allt inte oskuld. Kanske var det svårt att vänta. Tänk om han kände behov av att vara otrogen? Hon funderade på att försöka igen, att få honom att ändra sig, men han verkade mer fast besluten än hon att hon skulle förbli oskuld fram till bröllopsnatten.

Terri insåg att Amadeo sjöng i duschen. Hon skrattade när hon lyssnade på sin fästman som gjorde sin dagliga imitation av Luciano Pavarotti. Hon hällde upp en kopp kaffe till och tog med den in i sovrummet där hon packade klart.

Amadeo hoppades att Terri hörde honom sjunga i duschen. Han ville få Terri att tro att idag var en dag som alla andra. Men det var det inte. Inte alls. Han ville berätta det för henne. Han visste att hon skulle bli upprörd när de skildes åt, men hon skulle komma över det.

Amadeo älskade att planera saker, och han var otroligt bra på att hålla hemligheter. Han hade planerat i flera dagar och fantiserat om att överraska Terri. Och idag skulle hon få sitt livs överraskning! Amadeo måste se till att han inte avslöjade något. Han hoppades att hon inte skulle tycka att han lät för glad, men i själva verket kände han sig extremt lycklig. Lyckligare än han någonsin hade varit i hela sitt liv.

Terri tittade en sista gång på Amadeos lägenhet när han bar ut hennes väskor till dörren och de gjorde sig redo att åka. Amadeo slängde in väskorna i bakluckan på sin bil, och så åkte de iväg.

Terri tittade ut genom fönstret och försökte ta in allt, memorera varje liten detalj av det hon såg. Plötsligt kände hon sig som om hon kördes till världens ände. Tårarna rann nerför hennes kinder medan hon kämpade för att hålla tillbaka snyftningarna.

"Terri, allt kommer att bli bra. Lita på mig."

"Bra? Bra? Hur kan allt bli bra när vi om några minuter kommer att skiljas åt och vi inte har en aning om när vi kommer att ses igen?"

Amadeo sa ingenting. Om han började prata skulle han avslöja allt och förstöra Terris överraskning. Det var absolut nödvändigt att hålla henne i ovisshet för tillfället. Vänta bara några minuter till, älskling, tänkte Amadeo, så kommer allt att avslöjas.

På flygplatsen letade Amadeo efter en parkeringsplats. Han kunde inte hitta någon.

"Det är bäst att jag släpper av dig här, du måste checka in och allt."

"Men tänk om du inte kan hitta mig?"

"Jag kommer att hitta dig. Självklart. Lita på mig."

Terri smällde igen dörren. Hon var inte glad och det kändes skönt att få utlopp för en del av sin ilska. Hon såg efter Alfa Romeon tills den svängde runt hörnet, tog sedan sitt bagage och gick in.

Jag väntar på honom här i några minuter. Vi har fortfarande tid.

"Sista utrop för flight 222 till Toronto."

Vi sa inte ens hejdå.

Hon checkade in sina väskor och gick igenom säkerhetskontrollen. Flygvärdinnorna visade henne till hennes plats och hon letade efter sitt platsnummer i hopp om att få en sista glimt av Amadeo när planet lyfte.

Kanske, bara kanske Amadeo känner inte samma sak som jag. Tänk om han är glad att slippa mig? Han verkade inte särskilt upprörd i morse. Men å andra sidan kan killar dölja sina känslor lättare än vi tjejer... Men inte Amadeo, han har alltid varit så öppen mot mig. Det är därför jag älskar honom så mycket.

Några ögonblick senare gick Amadeo ombord på planet. Terri sprang fram till honom.

"Jag trodde att vi inte skulle hinna säga hejdå."

"Det är inte hejdå."

"Ursäkta mig, fröken, det verkar som om du sitter på fel plats. Din plats är här uppe", sa flygvärdinnan.

"Men jag måste säga hejdå till min fästman."

"Tyvärr, vi lyfter om några minuter och alla måste sätta sig omedelbart."

"Okej, okej", sa Terri. "Vänta på mig Amadeo, jag är tillbaka om några minuter."

" "Jag är rädd att det inte går, fröken. Vi stänger dörrarna nu, var snäll och hämta era väskor."

Terri grät när hon gick längs gången. Passagerarna frågade om hon mådde bra. De stirrade på henne. Hon ville krypa ihop och dö. När hon kom tillbaka till första klass var Amadeo borta.

"Du har väl inget emot att sitta bredvid den här herren?" frågade flygvärdinnan.

"Amadeo!" Hon slängde sig om hans hals, kramade honom, kysste honom och plötsligt insåg hon vad han just hade utsatt henne för. "Din råtta! Du har lurat mig hela dagen!"

"Förlåt älskling, tro mig, jag ville berätta det där borta, men jag hade ordnat allt. Så många människor var inblandade i din lilla överraskning. Jag hoppas att det var värt det."

"Det var det, men du är skyldig mig en stor tjänst! Säg mig, hur länge ska du stanna i Toronto?"

"För alltid. Jag ska ta ett jobb där. Jag har sålt min lägenhet och min bil."

"Har du sålt din Alfa Romeo?"

"Ja, min vän hämtade den på flygplatsen. Han har haft ögonen på den ett tag och hade inte råd med en ny. Jag gav honom ett bra pris."

"Men du älskade den bilen."

"Jag kan köpa en annan bil, men jag kommer aldrig att hitta en annan Terri."

De kramade om varandra och drack champagne.

Detta var den första av flera överraskningar som Amadeo hade i beredskap för sin fästmö.

KAPITEL 24

CHERYL, CRAIG OCH EVELYN hade en fantastisk dag på Universal Studios. Först var de rädda för att åka dit, eftersom de trodde att ingenting kunde mäta sig med deras äventyr dagen innan på Disney World, men Universal Studios hade mycket att erbjuda.

På söndagen bestämde de sig för att prova på lite shopping på de berömda Orlando Factory Outlets. Evelyn köpte två par Ralph Lauren-jeans för under 50 dollar. Craig lyckades hitta ett par Nike-träningsskor som han hade velat köpa länge men inte haft råd med. Cheryl unnade sig en söt tvådelad kostym och ett par skor som passade till. Hon visade upp sin nya outfit för sina syskon, som applåderade och visslade, mycket till Cheryls förlägenhet. Hon tog det dock med ro och gjorde till och med några piruetter på mattan.

De vinkade adjö till Orlando och körde tillbaka till Tampa för att hinna med flyget hem. De var alla så avslappnade. Vilken fantastisk helg.

Craig och Evelyn var dock mycket ivriga att komma hem och berätta för sina vänner om sin coola syster och deras fantastiska helg. Evelyn var först hemma och först med att ringa. Hennes pojkvän Mike hade lämnat fem meddelanden på telefonsvararen medan hon var borta.

"Ah, ung kärlek", sa Cheryl och klappade sin syster på huvudet.

"Du borde verkligen prova det någon gång, syrran."

"Smartass!"

Om bara Evelyn visste hur mycket Cheryl ville prova det. Hennes yngre syster hade killar som stod i kö utanför dörren. Miranda hade sin nya vän Lance. Cheryl skrattade när hon sa ordet vän. Hon visste att det var mer på gång än vad någon av dem ville erkänna. Sedan var det Amadeo och Terri som var hopplöst förälskade.

Terri kommer hem ikväll. Jag längtar efter att få höra allt om Rom och Amadeo. Det är länge sedan vi hade en tjejkväll.

Cheryl bestämde sig för att prova några nya saker för att krydda sitt liv. Hon var en gång en utmärkt målare i high school. Det var en talang hon ville satsa på som karriär, men det kändes meningslöst efter att hennes pappa dog. Han var hennes största supporter.

Det är vad jag ska göra. Jag ska anmäla mig till en målerikurs. Jag måste leta fram min staffli och mina penslar. Jag behöver återupptäcka mig själv.

Återupptäcka de saker som en gång gav mig en stark koppling till mitt inre.

KAPITEL 25

MIRANDA VAR PÅ VÄG till kontoret, som alltid i full fart och hoppades att hon inte skulle komma för sent. Hon tränade varje morgon före jobbet i företagets gym, men den här morgonen hade hon ett tidigt möte och var osäker på om hon skulle hinna.

När hon först började träna var hon andfådd resten av dagen. Nu hade hon hittat en rytm och alla märkte det och berömde henne för hennes nya utseende.

"Miranda", sa Mr Mandelbaum, "jag bad dig komma hit i morse för att hjälpa mig med ett problem som jag är mycket bekymrad över."

"Hur kan jag hjälpa till?"

"När du slutade röka, tvärt, beundrade dina kollegor din beslutsamhet och du inspirerade dem. Jag skulle vilja ge dig en position där du kan hjälpa andra medarbetare att göra samma sak. Tror du att du kan klara det?"

"Jag förstår inte riktigt hur jag skulle kunna hjälpa dem om de inte vill ha hjälp."

"Jag ska göra det enkelt för dig. Jag ordnar seminarier en gång i veckan under lunchen. Du kan prata med dem, uppmuntra dem, berätta hur man övervinner suget och hur du gjorde det. Jag betalar dem för att delta i seminarierna – inte i form av pengar – men jag bjuder på gratis lunch till alla som deltar. Och alla som slutar och håller sig till det i 30 dagar får 100 dollar i kontantbonus."

"Det är mycket generöst av dig, herr Mandelbaum. Jag vet dock inte hur bra jag skulle vara som talare. Jag var inte bra på att tala inför publik i skolan."

"Jag är beredd att betala dig."

"Du betalar mig redan, jag hjälper gärna till."

"Då gör vi det till ett bonussystem för dig också. För varje kollega som slutar och håller sig borta från cigaretter i 30 dagar får du 25 dollar. Eftersom vi har över hundra rökare ombord kan du tjäna 2500 dollar. Är det tillräckligt incitament för att uppmuntra dig att prova?"

"Jag kan inte säga nej. Jag ska göra mitt bästa."

När hon stängde dörren bakom sig kunde Miranda knappt tro att denna möjlighet hade dykt upp.

Två veckor senare höll Miranda sitt första seminarium. Hon var nervös i början, men upptäckte snart att hon tyckte om det. Dessutom var hon bra på det. Inom några dagar slutade hennes kollegor att röka. Mirandas passionerade ord gjorde hela skillnaden.

"Miranda, jag har kallat dig hit idag för ett nytt möte för att diskutera dina seminarier. Jag är mycket imponerad av dig. Jag vill ge dig denna check på 250 dollar."

"Tack, herr Mandelbaum, jag är så glad att jag har kunnat göra skillnad. Och jag älskar det."

" Jag tror att vi har underskattat dina förmågor, Miranda. Jag vill föreslå dig för en mer avancerad position inom företaget. Jag tror faktiskt att du skulle passa perfekt i vår PR-avdelning."

"Verkligen? Vad hade du tänkt dig?"

"Först måste du skaffa dig rätt kvalifikationer. Här är broschyrerna och du kan gå i skolan två gånger i veckan under arbetstid och två kvällar i veckan. Om du är intresserad, förstås."

"Jag är rädd att jag inte har råd att gå tillbaka till skolan, herr Mandelbaum. Men tack för att du tänkte på mig", sa Miranda när hon reste sig och vände sig om för att gå mot dörren.

"Fru Evans, jag vill hjälpa dig att lyckas. Jag har för avsikt att anställa dig på vår 7:e våning när du tar examen, så jag kommer att stå för kostnaderna. Vi utnyttjar dina talanger till förmån för detta företag."

"Jag är mållös, herr Mandelbaum. Ett tack räcker inte."

"Ett tack räcker för tillfället. När du är på sjunde våningen och leder detta företag mot en mer lönsam framtid, då kommer det att vara mer än tillräckligt."

När Miranda lämnade herr Mandelbaums kontor snurrade det i huvudet på henne. Hon kunde knappt vänta med att berätta nyheten för Lance.

KAPITEL 26

L ANCE BLEV ÖVERLYCKLIG NÄR Miranda berättade det för honom. Han hade sett en förändring hos henne under de senaste månaderna. Hon hade blivit mer självsäker, avslappnad och trygg. Han tänkte på henne dag och natt.

Miranda kände sig bekväm med Lance, precis som med Terri och Cheryl. Deras vänskap hade vuxit under några månader och byggde på en stark grund. Ibland tänkte hon på honom som mer än en vän. Under de stunderna ville hon ha honom helt för sig själv. Hon berättade allt för honom och hon visste att han inte träffade någon annan.

Lance berättade allt för Miranda. Han hade ingen önskan att vara med någon annan kvinna. Han ville uttrycka sina känslor för henne, men han var rädd. Hon hade gått igenom så mycket med våldtäkten, med Ben, och han ville inte göra henne besviken genom att berätta hur han kände. Han ville inte svika henne.

På grund av det förflutna lät Lance Miranda bestämma takten. Han pressade henne inte. Han uppskattade varje ögonblick han tillbringade med henne. De gånger när hennes hår av misstag borstade mot hans hud. De gånger när deras händer rörde vid varandra när de gick.

Men ibland undrade han om deras vänskap skulle hindra dem från att ha en fysisk relation. De skulle kanske bli så bekanta, som en bror och en syster – då skulle deras relation vara dömd att misslyckas. Innan deras relation gick i den riktningen bestämde Lance sig för att ta de nödvändiga riskerna. För tillfället var han nöjd med att de fortsatte som de var.

KAPITEL 27

MIRANDA INSÅG ATT TERRI skulle komma hem idag. Hon längtade efter att träffa sina två vänner och ha en tjejkväll. Det var länge sedan sist.

"Hej, fru Russo. Det är Miranda. Hur mår du?"

"Jag mår mycket bra, tack." Fru Russo fnissade.

"Terri kommer hem idag, jag tror att hon kommer att bli väldigt upprörd."

Fru Russo fnissade igen.

"Vill du att jag hämtar henne på flygplatsen?" Varför skrattar hon hela tiden?

"Nej, nej, det går bra. Men tack så mycket. Tack. Hej då."

Hon lade på.

Jag undrar om fru Russo har druckit i morse. Konstigt. Jag undrar om Cheryl har hört något.

"Hej Cheryl, det är jag. Hur mår du?"

"Bra, du då?"

"Jag mådde bra, tills jag ringde till Terris hus. Hennes mamma betedde sig konstigt. Skrattade som en skolflicka. Vet du om hon gillar att ta en drink på morgonen?"

"Fru Russo, skrattar? Det är så konstigt. Jag kan inte ens föreställa mig att hon skrattar, och jag tror inte att hon dricker särskilt mycket. Tror du att Terri mår bra?"

" Hon ville inte att jag skulle hämta henne på flygplatsen."

"Det är hög tid för en tjejkväll. Vi ordnar något för att muntra upp Terri, okej?" sa Cheryl.

"Vi är på samma våglängd. Jag hör av mig."

"Hej, jag har nyheter. Minns du att jag älskade att måla förut?"

"Det minns jag", sa Miranda.

"Jo, nu går jag en konstkurs och jag älskar det!"

"Det är underbart, Cheryl! Bra gjort. Jag går också några kurser, i PR."

"Wow, och hur går det med dina seminarier för att sluta röka?"

"De går så bra, jag kan knappt tro det. Och vet du vad? Jag älskar det! Mr Mandelbaum säger att jag har utmärkt potential att arbeta på 7:e våningen inom PR."

"Åh, PR, nu låter du trendig."

"Ja, men jag får se till att det inte stiger mig åt huvudet!"

"På tal om det, hur mår Lance?"

"Hur kom han in i det här samtalet? Han mår bra. Han är en god vän."

"Är det något mer än vänskap?"

Miranda förnekade det bestämt. Hon påminde Cheryl om att både hon och Lance var nöjda med hur saker och ting var och att ingen av dem ville ha något mer än vänskap.

"Jag tänker verkligen inte på Lance på det sättet."

"Bäst att jag går. Hör av dig om du hör något från Terri, så gör jag detsamma. Hej då."

"Hej då."

Jag tycker att hon protesterar för mycket, tänkte Cheryl.

KAPITEL 28

MIRANDA HADE INTE LJUGIT. Hon tänkte verkligen inte på Lance på det sättet – för det mesta. Bara för att hon inte var säker på om han tänkte på henne på det sättet.

Han försökte aldrig kyssa henne. Eller hålla hennes hand. Han var uppenbarligen inte intresserad av henne på annat sätt än som vän.

Lance var lycklig. Miranda var lycklig. Vad mer kunde de begära?

KAPITEL 29

M IRANDA LADE PÅ LUREN. När den landade på telefonen ringde den igen.
"Har du glömt något?"
Rösten i andra änden harklade sig. Det var en mansröst. En främmande röst.
"Miss Evans? Miss Miranda Evans?"
"Ja. Vem är det som ringer?"
"Det är polisen, sergeant Jim Miller. Fröken Evans, vi vill att ni kommer till stationen – om möjligt omedelbart."
"Vad handlar det om?"
"Vi har en man i förvar som vi vill att ni ska identifiera i en konfrontation. Vi tror att han är mannen ni beskrev."
"Jag kommer inom 30 minuter. Är det okej?"
"Visst, vi håller just på att organisera konfrontationen, så när som helst efter 30 minuter passar oss bra. Vi ses då. Och oroa dig inte."

Efter att hon lagt på luren ringde Miranda till Lance. Hon fruktade tanken på att behöva se den hemska mannen igen och önskade att hon inte behövde gå och identifiera honom. Samtidigt ville hon att han skulle fångas och låsas in för alltid. Om det var han. Om det var han, ville hon se honom straffas för det han gjort mot henne. Lance gick med på att följa med Miranda.

När hennes föräldrar kom hem satt Miranda på soffan med sin kappa på sig och stirrade tomt framför sig.

"Jag måste åka till polisstationen. Sergeant Miller ringde just. De har en misstänkt som stämmer in på min beskrivning."

"Jag, vi, din mamma och jag vill följa med dig, för att ge dig moraliskt stöd."

"Lance följer med mig. Han borde vara här vilken minut som helst."

När Lance körde för att hämta Miranda oroade han sig för hur denna konfrontation skulle utspela sig. Miranda visade alltid upp en stark fasad. Vad skulle det göra med henne att se mannen ansikte mot ansikte? Han undrade hur han skulle kunna hålla sig från att slå ner killen. Lance tyckte att kastrering var för bra för killen.

Har hon inte gått igenom tillräckligt? tänkte Lance och slog händerna i ratten. Han klev ur bilen och tittade upp mot himlen i hopp om ett tecken. Inget kom.

Lance log när han gick fram till henne och höll på att ge henne en kram. Miranda var lugn. Hon satte på sig sin modiga min. Hon lekte med handtaget på sin handväska, vridde och vände på det och önskade i hemlighet att hon hade en cigarett. Bara en cigarett. Men hon visste att det aldrig kunde bli bara en cigarett. Lance kallade killen alla möjliga fula ord i sitt huvud och oroade sig sjukt när de satte sig i hans bil. Han oroade sig: Tänk om det är han? Tänk om det inte är han? Om det inte var det, skulle hon behöva göra om det här igen. Kanske till och med flera gånger. Han hoppades att det skulle vara han. Då skulle det här kapitlet i Mirandas liv kunna avslutas, vara över.

De anlände till polisstationen och Miranda sträckte sig efter Lances hand. Det var första gången hon någonsin sträckt sig efter honom fysiskt och även om det inte var rätt tid eller plats för romantik, suckade Lances hjärta. Hennes hand var så liten jämfört med hans.

Sargent Miller mötte dem vid receptionen och tog Miranda och Lance åt sidan för att förklara proceduren. De skulle titta på uppställningen bakom en glasruta där de kunde se den anklagade, men den anklagade kunde inte se dem.

Miranda drog en suck av lättnad när hon hörde detta. På vägen dit hade hon föreställt sig en scen som på tv. Hon skulle behöva gå fram och knacka den skyldige på axeln. Bara tanken på att behöva röra vid sin angripare fick henne att vilja kräkas.

Sargent Miller bad dem vänta i tio minuter medan de hämtade kandidaterna till rummet, och sedan skulle han kalla in henne för att titta på uppställningen och se om hon kände igen någon. Han påminde henne om att hon måste vara säker på att det var han. Det måste vara utan tvekan.

"En kvinna som har blivit våldtagen glömmer inte. Aldrig. Inte på en miljon år."

Miranda frågade sergeant Miller om det var okej att Lance var i rummet med henne. Sergeant Miller sa att det var okej, förutsatt att Lance inte försökte störa processen. Lance nickade instämmande. De satte sig. De väntade. Miranda sträckte sig efter Lances hand igen.

Lance tog Mirandas båda händer i sina och sa: "Det kommer att bli bra." Han sträckte sig för att hålla om Miranda. Hennes kropp darrade först, men slappnade sedan av i hans armar. Sgt Miller avbröt dem och meddelade att konfrontationen var klar.

De gick in i rummet, och på andra sidan glasrutan var det bara mörkt. När Miranda satte sig framför fönstret tändes plötsligt starka lampor. Miranda såg skuggorna av fem män.

Sgt Miller talade i en mikrofon och kallade på var och en av dem med ett nummer. Han bad varje man att kliva fram.

Den första steg fram. Det var inte han. Det var inte den andra heller, eller den tredje.

När den fjärde steg fram, hoppade hennes hjärta över ett slag och började sedan slå fortare. Hon reste sig från stolen och ville springa ut ur rummet, men Lance hindrade henne. Han övertalade henne att sätta sig tillbaka på stolen, lade händerna på hennes axlar och frågade: "Är det han? Miranda, du måste berätta för dem. Du måste."

Miranda nickade. "Jag är 100 % säker."

Sergeant Miller uppmuntrade henne att stå upp och gå så nära fönstret som möjligt. Han talade i mikrofonen: "Nummer fyra, snälla säg, hur mår du?"

"Hur mår du?" Miranda täckte omedelbart för öronen och sa: "JA, jag sa ju att det var han. Det är han ni ville ha. Jag sa ju det", och när hon sa detta började tårarna rinna nerför hennes kinder.

Lance tog tag i henne och höll om henne. Hon skakade från topp till tå. Allt var över. Mannen som hade våldtagit henne skulle snart sättas i fängelse på mycket lång tid.

Sergeant Miller tackade Miranda. Han berömde henne för hennes mod.

Miranda frågade var toaletten fanns och ursäktade sig.

"Sergeant Miller, hur fångade ni honom? Det har gått ett tag sedan det hände", frågade Lance.

"Vi hade bara tur. Människor som han försöker alltid igen. I det här fallet försökte han råna en kvartersbutik. Det enda problemet var att ägaren var i bakrummet. Han kom in, tog honom på bar gärning och höll honom kvar tills vi kom dit. Med hjälp av ms Evans positiva identifiering kommer vi att sätta honom i fängelse under lång tid."

"Jag är glad att höra det. Djur som han förtjänar inte att vara ute i samhället."

Miranda kom tillbaka. Hon var blek som ett lakan. Hon skakade fortfarande. Han ville ta henne i sina armar. Det gjorde han inte.

Miranda kunde inte sluta skaka. Hon ville att Lance skulle krama henne. Det gjorde han inte.

"Ska vi äta något?" frågade Lance.

"Jag kan inte äta något."

"Kaffe då?"

"Nej tack. Jag vill bara härifrån."

KAPITEL 30

BILEN VAR MIRANDA tyst. Lance tittade på henne för att se om hon grät. Det gjorde hon inte. Han visste inte vad han skulle säga.

"Jag vill inte vara ensam ikväll, Lance. Skulle det gå bra om jag sov på din soffa ikväll? Jag kan åka hem, men då måste jag förklara allt för mamma och pappa. Jag skulle behöva gå igenom varje detalj igen. Jag orkar inte med det just nu."

"Visst, du kan stanna hos mig. Jag sover på soffan. Du får min säng."

"Kan vi stanna till hos mig så jag kan hämta några saker?"

"Du kan låna min pyjamas, och jag kör dig hem direkt så du kan byta kläder. Är det okej?"

"Ja, jag ringer hemifrån dig och berättar för mamma och pappa att allt är okej – och jag förklarar allt i detalj imorgon."

"Jag kan göra det åt dig. Då slipper du förklara eller lyssna på deras frågor."

"Skulle du göra det för mig?"

"Självklart, det är inget problem."

I Lances lägenhet frågade Miranda om hon kunde fylla badkaret.

"Känn dig som hemma. Du hittar pyjamas i den nedre lådan och handdukar i skåpet. Jag ringer dina föräldrar nu."

"Tack, Lance."

Miranda i min pyjamas. Jag kan knappt vänta på att få se det.

KAPITEL 31

L ANCE HADE EN DRÖM.

Han drömde att han hade på sig en tvångströja. Han kunde inte röra sig åt något håll. Han försökte skrika, men det kom ingen ljud. Han försökte öppna banden med tänderna, men han kunde inte få loss dem.

Han slängde sig från sida till sida och använde huvudet som en pendel. Svett droppade nerför hans panna. Han kunde inte torka bort den. Den rann ner, ner, över hans haka och ner på jackan.

Han öppnade ögonen. Han sträckte sig efter sin mage.

Något höll honom fast där, men han hade inte på sig någon tvångströja eftersom han kunde röra armarna.

Han trevade omkring som en blind man.

Han hittade en hand. Det var Mirandas. Han öppnade ögonen.

Det var tidig morgon, ännu inte ljust. Miranda låg i sängen bakom honom och höll fast honom som om hennes liv hängde på det. Han lyssnade noga och kunde höra hennes jämna andning. Han kunde känna hennes andedräkt i nacken. Hennes hjärtslag genom hans bröst.

Han ville inte röra sig, av rädsla för att väcka henne. Han ville inte att detta ögonblick skulle ta slut.

Miranda sträckte sig mot honom tre gånger.

Han ville vända sig om och ta henne i sina armar och berätta vad han kände för henne. Han ville kyssa hennes ögon och utforska hennes mun med tungan. Han ville att hon skulle vara hans, och bara hans.

Han gjorde ingenting.

Han ville inte utnyttja henne. På något sätt.

Han stängde ögonen och lyssnade på hennes andning.

KAPITEL 32

T IDIGT PÅ MORGONEN FANN Miranda sin tillflykt i Lances säng. När hon låg på soffan vände och vred hon sig. Ett kapitel i hennes liv var slut. och hon ville bli omfamnad. Hon ville att Lance skulle hålla om henne. Hon ville gå till honom, men hon hade inte modet förrän han somnat. Sedan klättrade hon upp i sängen bakom honom och kröp intill honom. Han var spänd först, men sedan slappnade han av i hennes armar. Hon kände hans bröst höjas och sänkas i takt med hennes eget.

Hon hoppades att Lance inte skulle bli arg när han vaknade.

Hon visste inte att Lance redan var vaken och att han inte skulle somna om på länge.

KAPITEL 33

CHERYL VAR UTE PÅ sin fredagskvällsshopping. På fredagskvällar efter klockan 21 var butikerna så tomma att man kunde använda gångarna som bowlingbanor. Hon hatade att trängas med folk när hon handlade mat.

Fredagskvällarna var speciella i deras hus. De satte sig ner och åt middag tillsammans och pratade om sina helgplaner. Cheryl hade sällan några, men hon älskade att höra vad hennes syskon hade för sig. Efter att de städat köket gick de ut och Cheryl handlade mat för veckan.

Cheryl var mycket budgetmedveten och försökte alltid hålla sig under 100 dollar för dem tre, men på senare tid var det svårt att hålla jämna steg med Craigs aptit. Han åt allt han såg! Evelyn var inte en storätare, och ibland oroade sig Cheryl för att hon inte åt tillräckligt. Hon var också medveten om grupptrycket på tonårsflickor att vara smala. Cheryls mat var näringsrik, men hon var ingen kock. Cheryl bestämde sig för att gå till bokhandeln i närheten och köpa en eller två kokböcker. Hon valde två böcker, en av Nigella Lawson och en av The Naked Chef. Hon hade sett båda deras program på PBS, och de fick det att se så enkelt ut. Hon gjorde sina val för veckan utifrån de recept hon skulle laga. Kassan ringde in på 145 dollar. Hon hade överskridit sin budget eftersom hon inte hade så många kryddor i sitt kök.

Stolt över sina val lastade hon in allt i bilen och körde hem. På vägen fick hon lust på en kaffe från Tim Horton's. Hon beställde en stor med dubbel dubbel och smuttade på den på vägen hem. När hon kom hem var klockan nästan 11.

Det är konstigt. Inga lampor. Ingen TV. Ingen musik och klockan är nästan 11.

Hon tände hallbelysningen och ropade. Inget svar. Hon tittade runt hörnet in i vardagsrummet och såg två personer som frenetiskt försökte klä på sig.

Det är Evelyn och hennes pojkvän Mike – OJ, det är inte Mike alls, det är, jag vet inte vem det är.

Cheryl plockade upp Evelyns blus och kastade den till henne.

"I köket. Två minuter", beordrade hon.

Cheryl var rasande, ursinnig. Hon bar in den första omgången med kassar. Han frågade om han kunde hjälpa henne. Hon ignorerade honom och gick ut till bilen igen. Cheryl hade aldrig sett den här killen förut, och hennes lillasyster hade sex med honom.

Den här gången tittade hon inte på dem när hon ställde ner påsarna. Hon hade en last till att bära in och sedan måste hon vara tillräckligt cool för att prata med dem utan att explodera.

Hon är fortfarande ett barn. Sweet sixteen.

Hon tittade på honom över axeln. Han såg äldre ut, kanske 18, kanske 20. Han såg inte glad ut. Cheryl satte sig mittemot dem.

"Förlåt, syrran, vi blev lite ivriga."

"Det kan man säga... Om jag inte hade kommit in just då, hade ni två gått hela vägen och vad hade hänt då? Du kunde ha blivit gravid. Du är bara sexton! Jag antar att ingen av er använde skydd?"

"Jag tar p-piller, Cheryl. Har gjort det i flera månader."

"Hur i? Vad menar du med att du tar p-piller? Hur? Var?"

"Det är enkelt. Jag gick till kliniken. Jag sa att jag ville vara sexuellt aktiv, och de gav mig dem."

"Men behövde du inte samtycke från en vuxen?"

"Du är så omodern, syrran. Alla mina vänner tar p-piller. Men bara så du vet, Sam skulle också använda kondom."

"Sam, åh, heter du Sam?"

"Hur står det till?" frågade han, reste sig och sträckte fram handen mot Cheryl.

Hon skakade inte den.

"Regel nr 1. Inget sex i det här huset. Inte i vardagsrummet, inte i ditt sovrum och inte i något annat rum. Är det förstått?"

'Förlåt', sa Sam. "Som Evelyn förklarade, vi blev bara medryckta av stunden."

"Jag är glad att ni två var så ansvarsfulla. Jag tycker att du ska gå hem nu, Sam."

"Det var trevligt att träffas. Vi ses, Evelyn."

"God natt, syster", sa Evelyn, medan hon reste sig och flyttade stolen från bordet.

"Sätt dig, jag tror vi behöver prata lite." Tystnad. Cheryl reste sig och började ställa undan matvarorna. Evelyn hjälpte henne. Det var lättare att prata när de gjorde något.

'Tack', sa Evelyn.

"För vad?"

"För att du är så cool. Tack för att du inte blev arg på oss och för att du behandlade oss som vuxna."

Cheryl kramade Evelyn.

"Det var inte lätt att inte bli arg. Det var därför jag gick ut och hämtade in alla varor innan jag pratade med er två."

"Jag vet."

"En kopp te?" frågade Cheryl och började sedan göra i ordning te och ställa fram kex på bordet. "Är det något du funderar på?"

"Jag undrade bara hur din första gång var? Det här skulle ha varit min första gång."

"Jag är fortfarande oskuld."

"Skojar du? Det är du väl inte? Jag är så ledsen."

"Var inte ledsen. Jag har inte träffat rätt kille än."

"Jag vet inte hur du kan träffa någon när du gör allt för oss hela tiden. Jag har aldrig tänkt på det förut, men du måste koncentrera dig på ditt sociala liv. Du blir inte yngre."

"Tack Evelyn, men det oroar mig inte. Du och Craig är de viktigaste personerna i mitt liv."

"Men vi växer upp och du förtjänar någon speciell. Du borde verkligen gå ut mer."

"Jag ska försöka Evelyn, för tillfället, god natt."

KAPITEL 34

ANCE SLäPPTE AV MIRANDA hemma hos henne på väg till jobbet. Det hade varit en pinsam morgon, med frukost och förberedelser inför dagen. Miranda ringde till jobbet och sa till Mr Mandelbaum att hon skulle bli några timmar sen. Lance kände att det perfekta tillfället att bekänna sina känslor för Miranda hade passerat. Hon låg precis bredvid honom i sängen och han ville så gärna säga det till henne. Men han låtsades sova, och tillfället gick förlorat. Miranda tänkte på samma sak på vägen hem. Hon undrade om Lance ens hade märkt att hon hade legat bredvid honom i sängen. Om han visste det, så visade han det i alla fall inte. Kanske var han för generad? Miranda var osäker på om hon skulle be om ursäkt eller bara låtsas som om ingenting hade hänt. Till slut valde hon det senare.

"Mamma, pappa, är någon hemma?"

Det kom inget svar.

Hon såg en lapp på kylskåpet.

- Miranda - Ring sergeant Miller omedelbart - Kram mamma.

"Sergeant Miller, det är Miranda Evans."

"Tack för att du ringde, ms Evans. Skulle du kunna komma till stationen? Vi har några saker vi vill att du tittar på."

"Vad för slags saker?"

"Det kan jag inte säga, ms Evans, men det räcker med att säga att det är viktigt att ni ser föremålen."

Miranda ringde mr Mandelbaum och förklarade att hon behövde åka till polisstationen och att hon inte visste hur länge hon skulle vara borta. Han rekommenderade henne att ta ledigt för dagen. Mr Mandelbaum var alltid bra på att uppfatta stress i sina anställdas röster.

"Har du någon som kan följa med dig, Miranda?"

"Nej, alla är på jobbet, men det går bra. Min angripare är ju i förvar."

När hon kom till stationen tog sergeant Miller med henne in på sitt kontor och presenterade henne för kriminalinspektör Harold Sangster. Kriminalinspektör Sangster hämtade en skokartong från ett annat kontor.

"Skulle du kunna titta igenom dessa föremål, Ms Evans? Se om det finns något du kan identifiera?"

"Det är min plånbok. Det här är ett foto av min bil. Mitt Vids-R-Us-anställningskort, mitt bibliotekskort."

"Fortsätt leta. Finns det något annat du känner igen?" sa sergeant Miller.

Hon fortsatte att rota i lådan fylld med saker, varav de flesta inte tillhörde henne. Då upptäckte hon ett papper med handskrift på. Hennes hjärta hamnade i halsgropen när hon rörde vid det och snabbt insåg att det var hennes egen handstil. Kära Christina, här är vår resplan. Känn dig som hemma och jag hoppas att du kommer att trivas här! Miranda. Bifogat till lappen fanns en kopia av deras resplan. "Det här är lappen jag lämnade till Christina." Mirandas händer skakade. Hon var rädd att papperet skulle gå sönder. "Hade du lappen med dig den dagen du blev överfallen?" frågade kriminalinspektör Sangster. "Nej, jag skrev den först långt senare. När Christina kom för att hyra min lägenhet lade jag den på bordet bredvid telefonen åt henne." "Det blir allt mer komplicerat", sa sergeant Miller med sänkta ögon. "Det verkar som om vi kan placera honom på brottsplatsen när din underhyresgäst mördades. Kommer du att vittna om att du lämnade det på telefonbordet? Visste någon annan att du lämnade ett meddelande där?" "Min hyresvärdinna visste att det fanns där. Jag nämnde det för henne innan jag åkte – ifall hon behövde komma i kontakt med mig." "Tack så mycket, ms Evans, för att du tog dig tid att komma hit igen. Vi har honom för misshandel, försök till rån, våldtäkt, och om vi kan få honom för mord också, så kommer domaren utan tvekan att döma honom till det strängaste straffet."

När sergeant Miller och detektiv Sangster ledde Miranda ut i korridoren kom två poliser med en handfängslad fånge mot dem. Det var han.

"Synd att jag inte dödade dig den natten, din subba! Jag sa ju åt dig att inte gå till polisen, eller hur?" Miranda backade undan. Hon stod mot väggen. Hon mådde illa. Sergeant Miller och kriminalinspektör Sangster stod på var sin sida om henne, som bokstöd.

"Synd att du var ute den natten. Jag ville ta dig, inte henne."

"Dödade du Christina? Din jävel! Jag hatar dig!!" Hon grep tag i hans krage.

Sgt. Miller grep tag i Miranda som slogs och slog honom med sina knutna nävar.

"Jag sa ju vad jag skulle göra med de människor du älskar om du berättade för polisen."

Mirandas hela värld började snurra omkring henne. Bilder av Christina, stackars Christinas ansikte snurrade runt i Mirandas huvud som ett kalejdoskop som snurrade och snurrade. Hon ville att det skulle sluta. Precis som Cher ville Miranda vrida tillbaka tiden.

Det nästa Miranda minns är att hon vaknade upp på AP General Hospital, där hon måste ha varit kraftigt nedmedicinerad, eftersom hon inte kände någonting. Allt var suddigt i kanterna. Det fanns skuggor och en känsla av att sväva på en moln. Någon höll hennes hand. Hon undrade vem det var.

Det var Lance.

Hon log mot honom.

KAPITEL 35

TERRI OCH AMADEO LANDADE i Toronto och möttes av så många familjemedlemmar som fick plats i deras bilar. Terris mamma grät. "Jag har också saknat dig, mamma", sa Terri, "men jag var bara borta en kort tid. Du grät inte ens så mycket när jag kom tillbaka från Australien."

Terris mamma grät ännu mer när de fördes iväg i en limousine.

"Var är Amadeo? Jag vill ha Amadeo."

"Oroa dig inte, min dotter, han är med din pappa."

När hon kom hem förklarades allt.

Den vackraste bröllopsklänningen hon någonsin sett i hela sitt liv hängde på en skyltdocka i vardagsrummet.

"Han ber om din hand nu, han frågar din pappa. Han är en så underbar pojke, Terri; ingen pappa skulle någonsin säga nej till honom. Amadeo har gjort allt, han har tänkt på allt! Kyrkan är bokad. Smekmånaden är bokad (även om Amadeo inte ville berätta vart han ska ta dig) – allt du behöver göra är att ringa Cheryl och Miranda och ordna med din brudtärna och brudens tärnor... Och få deras klänningar anpassade. För Teresa, du ska gifta dig i morgon bitti!"

Terris mamma sa åt henne att snabbt ta sig samman, eftersom de fortfarande hade mycket att göra och så lite tid. Det första var att kontakta hennes vänner. Amadeo hade bokat en bröllopsbutik så att de kunde välja klänningar till tärnorna (eller så kunde Terri byta ut den som hennes mamma hade valt åt henne om hon ville), men det behövde hon inte, eftersom den var perfekt. De behövde alla träffas om några timmar för att prova klänningar, köpa skor, accessoarer och något gammalt, något nytt, något lånat och något blått.

"Hej, fru Evans. Det är Terri. Jag letar efter Miranda."

"Jag vet inte var hon är. Lance kanske vet, här är numret till hans mobiltelefon."

"Tack, fru Evans." Hon lade på och slog Lances nummer.

Lance tittade på Miranda, som fortfarande slumrade till och från, och gick sedan ut i hallen för att prata med Terri.

"Hej Terri. Jag är rädd att Miranda inte är i stånd att delta i bröllopet idag. Hon fick en fruktansvärd chock igår och mår inte bra. Mannen som våldtog henne har erkänt att han mördade Christina och Ben. Hon svimmade och sergeant Miller ringde mig eftersom jag hade varit där med henne dagen innan för att identifiera den där äckliga typen. Hon behöver vila. Jag tror inte att du ska räkna med att hon kommer att vara där för dig."

"Jag kan inte ha mitt bröllop utan Miranda."

Han undersökte rummet. Miranda rörde på sig. "Hon verkar vakna. Jag ska se hur hon mår och prata med läkaren om henne. Ring tillbaka om en timme eller så. Jag ska se vad jag kan göra."

"Mitt bröllop är om drygt tjugofyra timmar, Lance. Jag skjuter upp det om jag måste."

Tre timmar senare var Miranda uppe och klädde på sig. Lance förklarade allt i sinom tid – och det verkade få Miranda ur sitt chockade tillstånd. Hon kunde inte låta sin bästa väns bröllop skjutas upp på grund av henne.

Faktum var att Terris bröllop inte kunde ha kommit lägligare för Miranda, eftersom hon behövde samla sig och gå vidare med sitt liv och lämna det förflutna bakom sig. Det insåg hon nu mer än någonsin.

"Förresten, Lance", sa Miranda. "Jag hoppas att du kan vara min eskort till bröllopet. Jag vill inte vara där med någon annan. Jag hoppas att du kan komma."

Lance var överlycklig över att Miranda hade bjudit ut honom på en dejt. Ännu bättre var att de skulle gå på bröllop. Så romantiskt. Han ringde Terri och sa att allt var klart.

"Jag måste dock släppa av dig och lämna dig hos Terri och Cheryl så att jag kan ta fram min smoking ur malbollen."

Under tiden hade Terri pratat med Cheryl om att vara brudtärna. Faktum var att hon skulle ha två brudtärnor på sitt bröllop. Hon kunde omöjligt välja en vän framför den andra.

Klockan 17 träffades de tre vännerna på The Bridal Boutique. De valde sina klänningar och planerade en tjejkväll. Terri ville ha en övernattning och Miranda föreslog att de skulle boka en svit på The Hilton.

De skildes åt i två timmar för att packa några saker och planerade att träffas i baren klockan 20.

KAPITEL 36

CHERYL VAR UPPRÖRD EFTERSOM hon inte hade någon att be om att följa med henne till bröllopet. Tidigare hade åtminstone en av hennes vänner också varit singel. Den här gången hade hon inte samma tur.

"Oroa dig inte, syster", sa Evelyn, "jag trodde att brudtärnorna var ihop med brudgummens marskalkar eller något sånt?"

"Du har rätt, det hade jag aldrig tänkt på. Hoppas att han är singel", sa Cheryl medan hon packade sin väska för att gå ut på tjejkväll. "Man kan ju inte vara kräsen när man är i nöd!"

KAPITEL 37

A MADEO SAKNADE TERRI. HON hade ryckts bort från honom – han hade inte ens haft möjlighet att kyssa henne farväl. Han mindes hur hennes ansikte lyste upp när hon insåg att de trots allt inte behövde skiljas åt. Han ville få hennes ansikte att lysa upp så igen och igen under resten av deras liv.

Han önskade att han kunde ha varit där när Terri öppnade dörren och såg sin bröllopsklänning. Maria, hans blivande svärmor, hade varit orubblig när det gällde att brudgummen inte fick se bröllopsklänningen. Det var en vidskeplighet han inte trodde på – men varför ta några risker?

I morgon skulle Terri bli fru Amadeo Travetti. Hans blivande fru skulle snart fira med en tjejkväll med sina vänner. Amadeo tänkte ha en lugn kväll med sin best man Malvio – som just hade flugit in från Rom.

"Han är perfekt för Cheryl", sa Terri när hon fick syn på Malvio, "Perrr-fekt!"

KAPITEL 38

IRANDA GICK IN PÅ Hilton-baren och letade efter
sina vänner. Oj, hon var först. Hon hatade att
sitta ensam på en bar. Lyckligtvis var det bara
en kille där – han dränkte sina sorger och pratade med
bartendern.

"Ett glas Chardonnay", sa Miranda. Med glaset i
handen satte hon sig nära ingången och hoppades att
någon av hennes vänner snart skulle komma.

Hon tittade sig omkring, som man gör när man
är ensam. Hon kände igen killen som satt på
barstolen. Det var hennes gamla chef, Andrew – alias
Andrew-the-Asshole från Vids-R-Us!

Deras blickar möttes och Andrew kom fram.

"Hur mår du, Miranda? Det var längesen!"

"Du har rätt, Andrew. Jag mår bra."

"Du ser fantastisk ut."

"Tack."

"Hur var din resa till Australien?"

"Den var för fantastisk för att beskriva med ord; jag vill verkligen åka tillbaka dit en dag."

"Jag har hört att det finns en ny man i ditt liv?"

"Nej, jag har en vän som råkar vara man. Han är fastighetsmäklare."

"Åh, jag trodde att du skulle gifta dig eller något. Jag måste ha missförstått. Förlåt. "

"Det är min vän Terri som ska gifta sig, imorgon faktiskt. Det är därför vi är här – vi har en tjejkväll – de är sena. Hur går det för dig? Du är gift, eller hur?"

"Jag var det, men min fru ville inte flytta från delstaten och Vids-R-Us behövde mig i Texas. Så jag tog jobbet och lämnade henne."

"Du är för hängiven Vids-R-Us."

"Ja, kanske, men de behandlar mig bra. Jag är bara här över helgen för att min mamma ligger på sjukhus. Inget allvarligt, men hon frågade efter mig. När det gäller din mamma måste du ta dig tid, förstår du."

"Jag hoppas att hon blir frisk snart."

Cheryl kom. Hon kände igen Andrew och sa hej.

"Jag lämnar er två ifred. Det var trevligt att träffas igen, Miranda. Och jag är ledsen för det som hände dig. Jag har alltid känt mig dålig för det. Jag önskar att det aldrig hade hänt."

"Tack, Andrew, det uppskattar jag. De har faktiskt fångat killen och han kommer att sitta inne ganska länge."

"Det gläder mig att höra."

"Hej då, Andrew, och ta hand om dig, okej?"

Terri kom.

"Har ni två för vana att ragga upp främlingar på barer nuförtiden?" frågade Terri.

"Det var ingen främling. Det var Andrew-den-idioten!" sa Cheryl.

"Åh, herregud, det är Andrew. Vad har hänt med honom? Jag hoppas att äktenskapet inte gjorde det med honom?"

"Jag tror att det var skilsmässan", sa Miranda. "Vids-R-Us förflyttade honom till en annan delstat och hans fru ville inte följa med, så han lämnade henne och flyttade själv."

"Otroligt!" sa Terri.

"Kom, så går vi och sätter igång festen", sa Miranda.

Sviten var spektakulär. Enorm bar, jacuzzi –

"Det här är livet", sa Miranda.

De beställde champagne och startade jacuzzin.

"Ställ den där", sa Cheryl till servitören som just hade kommit med drinkarna. När han hade gått sa hon: "Undrar vad han gör i morgon kväll? Jag är utan dejt och desperat!"

"Jösses, jag har en man åt dig, Cheryl! Han heter Malvio och är Amadeos best man. Han ser ut som en grekisk gud – han är otroligt snygg och jag tror att du kommer att älska honom! Han har en hög position inom modebranschen i Rom."

"Men kommer han att gilla mig? Det är frågan."

"Han kommer att älska dig!"

"Åh, precis vad jag behöver, en kille som kan mer om mode än jag!"

"Om det inte fungerar kan du alltid umgås med Lance och mig. Vi är ju trots allt bara goda vänner."

"Ja, precis", sa Cheryl och Terri samtidigt.

"Allvarligt talat, vi är bara vänner."

"Kom igen", sa Cheryl. "Jag ser hur du tittar på honom och hur han tittar på dig. Varför kan ingen av er erkänna det? Ni är hopplöst förälskade i varandra. Jag ser det. Alla ser det utom ni två."

"Vi är vänner och du inbillar dig resten. Men strunta i mig, låt oss prata om den blivande bruden. Hur lyckades du övertyga Amadeo att flytta tillbaka hit med dig? Att gifta sig med dig. Och är du fortfarande oskuld? Eller är det därför – han vill ha dig så mycket att han gör allt detta för att få dig?"

"Jag gjorde inte någonting – det var Amadeos idé från början till slut. Och det är han, inte jag, som vill vänta tills efter att vi har gift oss."

"Så romantiskt!" utbrast Cheryl.

"Vart ska ni åka på smekmånad?

"Jag har ingen aning. Han vill inte berätta något. Amadeo älskar hemligheter."

"Jag är uttråkad", sa Miranda och klättrade upp ur badkaret.

"Och jag är utsvulten", sa Cheryl. "Låt oss se vad rumsservicen har att erbjuda."

De beställde biff och hummer och drack ytterligare två flaskor champagne. De slocknade framför tv:n och vaknade klockan 10 på morgonen.

"Herregud, klockan är 9. Mitt bröllop är om två timmar!"

"Vi måste skynda oss!" sa Miranda.

"Inga problem!" sa Cheryl och lade sedan huvudet tillbaka på kudden och började snarka.

KAPITEL 39

FTER MYCKET KAFFE OCH mycket övertalning var Cheryl uppe och redo tillsammans med sina två vänner. Deras hår fixades på rekordtid på en salong på hotellet på väg till Terris hus där Maria, den oroliga brudens mamma, väntade.

"Ni är så sena, så sena!"

"Jag vet mamma, men det kommer att bli bra. Oroa dig inte."

"Åh, du är så vacker, min dotter. Som en prinsessa. Där är hon, Miss Kanada", sa Maria när hon öppnade dörren och presenterade Terri för sin väntande far.

"Få mig inte att gråta, pappa, det förstör min sminkning."

"Vi har precis fixat vår också", sa Miranda.

I kyrkan var Mirandas eskort farbror Freddo. Hon strålade när hennes blick mötte Lances.

Lance tyckte att Miranda var ännu vackrare än bruden. Han undrade om hon någonsin skulle gå nerför altargången med honom. Terri hade haft rätt om Malvio. Cheryl kunde inte ta ögonen från honom. Malvio var glad över att ha Cheryl vid sin sida.

När Amadeo väntade vid altaret tog det andan ur honom när han först såg sin blivande fru. Terri var den typen av kvinna som var vacker oavsett vad hon hade på sig, men i den vita, flödande klänningen såg hon ut som en ängel, en ängel från himlen som kommit för att stå vid hans sida och svära att hon skulle vara med honom och älska honom för alltid.

Angelo lade sin dotters arm i sin svärsons och tog ett steg tillbaka. Han var överväldigad av lycka och församlingen såg tårar rinna nerför hans kinder. Giovanni och Maria tröstade Angelo när han satte sig i den främsta kyrkbänken bredvid dem.

Terri tittade på Amadeo. Hon visste i sitt hjärtas innersta att hon redan var gift med honom. De var själsfränder.

Ceremonin var snart över och de förklarades man och hustru. Herr och fru Amadeo Travetti vände sig om för att hälsa på sina gäster.

På kyrktrappan togs foton och ris kastades innan Terri och Amadeo klättrade in i en silverfärgad limousine. Amadeo ville att deras första resa som gift par skulle bli något alldeles speciellt. Han bad chauffören att kyla en flaska champagne och ta dem på en tur runt staden.

Terri såg Amadeo i ögonen. Hon längtade så efter honom. Hon kunde inte sluta darra. Champagnen spilldes överallt.

"Chaufför, vi vill ha lite privatliv här bak. Kan du hjälpa oss?"

"Självklart, frun", sa limousinchauffören medan ett glasfönster stängdes och gardiner fladdrade in från båda sidor av bilen.

"Nu har jag dig för mig själv, herr Travetti. Ta av dig kläderna!"

"Ursäkta mig, chaufför – vem är den här kvinnan? Det här är inte min söta, oskyldiga Terri!"

"Han kan inte hjälpa dig nu, jag stängde av intercomen. Se. Du är min, helt och hållet min! Och jag tänker fullborda detta äktenskap här och nu."

"Jag vill göra dig nöjd."

"Löften, löften."

KAPITEL 40

MOTTAGNINGSSALEN UNDRADE ALLA var bruden och brudgummen var.

"De kommer snart, oroa dig inte", försäkrade Maria henne. "Ta något att dricka, njut av tillställningen."

"Åh, där är de", utropade Angelo.

Herr och fru Travetti kom in i mottagningssalen. Det blev ett stormande applåder.

De gick fram till huvudbordet där Malvio och Cheryl småpratade. Terri blinkade åt dem båda när hon satte sig.

Efter skålarna, talen, den första valsen – alla traditionella saker som sker på bröllop över hela världen – åkte Amadeo och Terri iväg på sin smekmånad.

Amadeo hyrde en timmerstuga i Denver. De skulle tillbringa två veckor i fullständig avskildhet. Inga telefoner. Ingen television. Inga tidningar.

"Herr Amadeo Travetti, du tänker på allt."
"Fru Terri Travetti, du förtjänar allt."

KAPITEL 41

EFTER BRÖLLOPET BESTÄMDE SIG Lance för att han inte kunde dölja sina känslor längre. Han skulle satsa på det. Om hon hatade honom för det – så var det så.

Det är nu eller aldrig.

Han sträckte sig fram och hindrade Miranda från att kliva ur bilen. Han lade armarna om henne och såg henne i ögonen.

"Jag älskar dig, Miranda Evans. Det har jag gjort sedan vår första blind date. Jag vill att vi ska vara tillsammans. Jag vill att vi ska gifta oss."

"Jag... jag vet inte vad jag ska säga."

"Säg ingenting om du inte kan säga att du också älskar mig."

"Det gör jag, men jag trodde att du inte gjorde det."

Deras läppar fann varandra, längtande efter att fylla tomrummet som hade funnits mellan dem så länge.

"God natt", sa Miranda och blåste Lance en kyss.

"God natt, älskling", sa Lance.

Lance åkte inte direkt hem. Istället körde han runt i timmar. Han ville inte återvända till sin tomma lägenhet. Han ville berätta för hela världen att han var kär och att han var älskad. Jag är kungen av världen! Miranda kunde inte sova. Hon var så överväldigad. Ska jag flytta in hos honom? Skulle hon flytta in hos mig? undrade Lance. Men jag vill inte att vi ska bo i min lägenhet. Den är för liten. Jag vill att vi ska ha vår egen lägenhet.

Nästa dag organiserade Lance sina saker och lade ut sin lägenhet till försäljning. När han hade sålt den skulle han överraska Miranda och tillsammans kunde de börja leta efter en ny lägenhet.

Miranda funderade på saken i några dagar. Hon bestämde sig för att flytta in hos Lance var den bästa lösningen för tillfället. Han hade bara en etta, men den var mysig och åtminstone skulle de vara tillsammans. Det skulle ge dem en chans att lära känna varandra lite bättre.

Ja, först på morgonen ska jag berätta för mina föräldrar. Sen ska jag berätta för Lance.

KAPITEL 42

" JAG SKULLE VILJA KÖRA dig hem", sa Malvio.

"Det vore trevligt", sa Cheryl och satte sig i limousinen.

Snart stannade de framför hennes hus.

"Kom in på en kopp kaffe, Malvio", sa Cheryl. "Du kan träffa min syster och min bror."

"Är du säker på att jag inte stör?"

"Vi är väldigt informella. Kom in. Det här är min lillasyster Evelyn. Hon är sexton år och snart tjugoett."

"Trevligt att träffas", sa Evelyn. "Han är jättefin."

"Tack", sa Malvio.

Cheryl rodnade djupt och smiskade Evelyn på rumpan när hon gick in i köket.

"Sätt dig i vardagsrummet medan jag gör i ordning kaffet. Craig, håll vår gäst sällskap tills jag kommer tillbaka."

"Okej, syrran."

"Gillar du sport? Det är en hockeymatch på TV", sa Craig.

"Jag föredrar fotboll, men hockey går bra. Du kan förklara för mig, jag förstår inte riktigt hur det fungerar."

"Visst", sa Craig när Cheryl lämnade rummet.

"Evelyn, jag dog nästan av skam där inne. Man säger inte till en kille som Malvio att han är snygg."

"Åh, kom igen, Cheryl. Jag slår vad om att han hör sånt hela tiden."

"Kanske det, men han är på besök här från Rom, och jag sa till Terri att jag skulle ta hand om honom. Han är bara artig som kommer hit."

När Cheryl bar in brickan i vardagsrummet följde Evelyn efter henne.

"Jag är sååååååå trött", sa Evelyn. "God natt Malvio, det var trevligt att träffas." Hon gav Craig en signal att göra sig osynlig.

'Gäsp', jag är också trött. Trevligt att träffas Malvio. Jag hoppas vi ses igen."

Hans engelska var inte fantastisk, men den var förvånansvärt bra, och de förstod det mesta av vad den andre försökte säga.

"Skulle du vara så vänlig att visa mig runt i din stad imorgon?"

"Det skulle vara ett nöje."

Malvio kysste Cheryl på båda kinderna och tackade henne för att hon var så vänlig mot en främling i stan.

"Jag hämtar dig imorgon bitti runt 10. Passar det dig?"

"Ja, 10 passar bra. Tack för en härlig dag, Cheryl."

Cheryl gick in och ställde sig med ryggen mot dörren. Malvio var en dröm. Hon blundade. Evelyn hade rätt, han är HET. Och det bästa är att han inte ens vet om det.

KAPITEL 43

DAGEN MED MALVIO INKLUDERADE en eftermiddagsföreställning på den lokala teatern – Romeo och Julia spelades. Hur perfekt var inte det? Sedan gick de på en promenad längs floden och hade en picknick med alla slags kanadensiska delikatesser som Cheryl kunde hitta.

De drack champagne. De skålade för varandra.

"Cheryl, jag har älskat att tillbringa tid med dig. Tack för att du visade mig din stad. Jag kommer aldrig att glömma det. Men denna glädje måste ta slut. Jag åker i morgon. Kan jag be dig att köra mig till flygplatsen?"

"Jag hoppades att du skulle fråga mig."

Nästa dag, på flygplatsen, behövde Malvio gå igenom säkerhetskontrollen. Han kysste henne på båda kinderna.

"Hej då och tack för allt." Han vinkade adjö.

Cheryl vinkade och han var borta. De hade inte utbytt adresser eller telefonnummer. De hade inte sagt att de skulle skriva till varandra eller hålla kontakten. Det var över och det hade inte ens börjat.

Cheryl svängde in på uppfarten till sitt hus. Evelyn kom springande ut.

"Du kommer inte att tro det här!"

Hela huset var fyllt med rosor, långa, korta, små rosor, rosa, gula, röda, vita, svarta – dussintals och åter dussintals rosor.

"Här är ett kort", sa Evelyn och räckte ett kort till sin syster.

"Tack för allt. Du är en pärla, och det här är inte ett farväl. Jag hör av mig. Kärlek, Malvio."

Cheryl kände blodet rusa till kinderna när hon kysste Malvios signatur.

KAPITEL 44

SOM PLANERAT BERÄTTADE MIRANDA allt om Lance för sina föräldrar. De blev inte förvånade. "Det var på tiden, min flicka", sa Tom. "Han är en bra man", sa Elizabeth. "Jag är otroligt glad att ni två äntligen har sett ljuset."

Miranda packade sina väskor och körde till Lances hus. På fönstret till hans lägenhet satt en skylt med texten – TILL SALU.

Hon lämnade sina väskor i bilen och sprang uppför trapporna, och blev mer och mer upprörd för varje steg. Hon var för arg för att ta hissen. Hon behövde tänka.

Ska du lämna stan? Fly från mig. Hur vågar du! Jag trodde att du var annorlunda. Jag borde ha förstått.

Hon knackade.

Han öppnade dörren.

"Du lämnar stan, va?"

"Va? Vad pratar du om?"

Hon ville slå honom. Han spelade dum – hon hade rätt när hon trodde att han var en tönt. Han var inte bara en tönt! Han var okänslig, tanklös och en riktig plåga!

Hon pekade på skylten med texten "TILL SALU".

"Åh, det är ingen stor sak. Jag tänkte berätta det för dig. Jag visste inte att du skulle komma."

"Det var tur att jag kom. Annars hade det varit adios amigo, eller hur? Jag hade aldrig sett dig igen. Din jävel!" Hon slog honom på axeln.

"Miranda, Miranda." Han rörde vid hennes axlar.

"Rör mig inte, rör mig aldrig igen."

"Jag har inte rört dig förrän nu, men det är inte det som är poängen. Kom in så vi kan prata ordentligt."

"Nej, jag stannar inte."

"Jo, det gör du! Okej, okej, jag säger det här. Jag älskar dig, Miranda Evans! Så där. Vill du att jag ska säga det högre? Skrika det. Det ska jag göra. JAG ÄLSKAR MIRANDA EVANS. Jag vill gifta mig med MIRANDA EVANS. Jag vill sälja det här stället och när jag gör det ska vi hitta ett ställe som är vårt, vårt eget. Så mycket älskar jag Miranda Evans."

"Jag är ledsen."

"Det borde du vara." Lance tog henne i sina armar och förde in henne.

Lance erbjöd Miranda en kopp kamomillte för att lugna henne. Hon tackade ja.

I köket grep Miranda tag i Lance och kysste honom så passionerat att han nästan tappade balansen. Det enda som höll honom uppe var köksbordet, som grävde sig in i hans rygg. Miranda tryckte honom bakåt, så att han vilade större delen av sin kroppsvikt på bordet. Hon drog av sig blusen och slängde den på köksgolvet.

Lance tittade på henne, följde hennes exempel och strök försiktigt med pekfingret över hennes bröst. Han ville kyssa dem, kyssa varje centimeter av Mirandas kropp, och det gjorde han. Miranda ville samma sak. Hon drog tungan över hans bröst.

De älskade passionerat för första gången där på Lances köksbord.

Lance ville ta det lugnt. Han ville att det skulle gå så långsamt som möjligt eftersom det var hans första gång. Han lade sig tillbaka och lät Mirandas tunga utforska. Han kände sig som om han svävade på en moln. Miranda stod över honom medan hans tunga letade sig fram över hennes kropp.

Sedan gick de in i duschen där de älskade igen, men den här gången långsammare. De föll i sängen helt utmattade.

Mirandas djupa sömn gav inga drömmar. Hennes sinne var tomt eftersom hennes liv hade blivit hennes dröm.

EFTERORD

Kära läsare

Jag hoppas att ni har tyckt om att läsa om Miranda, Terri och Cheryl och en enklare tid.

Detta var min första roman, och att skriva det första utkastet hjälpte mig genom en traumatisk period i mitt liv. Det tog flera år innan jag vågade publicera den.

Tack till alla som hjälpt mig med redigering, korrekturläsning... och för all vänskap och allt stöd under resans gång.

Och självklart, TACK!

Som alltid, TREVLIG LÄSNING!

Cathy

OM FÖRFATTAREN

Cathy McGough är en kanadensisk författare vars verk spänner över barnlitteratur, ungdomslitteratur, skönlitteratur, psykologiska thrillers, poesi, noveller och facklitteratur. Hon bor och skriver i Ontario, Kanada, tillsammans med sin familj.

ÄVEN AV

UNGDOMSLITTERATUR
ETT MATEMATISKT TILLSTÅND AV GRACE BOK ETT
OCH TVÅ KOMPLETT SERIE
E-Z DICKENS SUPERHJÄLTE BÖCKER 1 OCH 2
TATTOO-ÄNGEL: DE TRE
E-Z DICKENS SUPERHJÄLTE BOK 3 RÖDA RUMMET
E-Z DICKENS SUPERHJÄLTE BOK 4 PÅ ICE
THRILLER FIKTION
RIBBY'S HEMLIGHET
ALLAS VÅRT BARN
KORTA BERÄTTELSER
13 KORTA BERÄTTELSER
Dandelion Wine (READERS' FAVOURITE BOOK AWARD
FINALIST))
LITTERÄR SKÖNLITTERATUR
INTERVJUER MED LEGENDARISKA FÖRFATTARE FRÅN
ANDRA SIDAN (2ND PLACE BEST LITERARY REFERENCE
2016 METAMORPH PUBLISHING)

POESI
MÅLA MED ORD - EN DIKTSAMLING SWEDISH
NON-FICTION:
103 Fundraising Ideas For Parent Volunteers With
Schools and Teams (3RD PLACE BEST REFERENCE 2016
METAMORPH PUBLISHING)
+ Children's books.